おまえがガンバれよ

―モンゴル最高裁での法整備支援2045日―

弁護士　岡　　　英　男

はじめに

調停という言葉をご存じだろうか。調停人（日本の裁判所では調停委員といっている）が間に立って行う、当事者同士の話し合いによって紛争を解決する手法のことだ。僕は２０１０年から２０１５年にかけて、モンゴル国最高裁判所に派遣され、モンゴルに調停制度を作る仕事をしてきた。

日本で調停は90年以上の歴史を持つ。しかし、モンゴルの調停は２０１４年にようやくはじまった。老人と赤ん坊のような大きな年齢差がある。僕がモンゴルに赴任する少し前まで、モンゴルでは調停を意味する言葉がなかった。「Эвлэрүүлэн зуучлал」（エブレルウーレン　ゾーチラル）という調停を意味するモンゴル語は、「和解」と「仲介」という言葉を合成して新しく作られたものだ。

モンゴルで調停が知られるようになったのは、ＪＩＣＡ（独立行政法人国際協力機構）の法整備支援によることが大きい。２００４年から２００６年にかけて田邊正紀弁護士が専門家としてモンゴルに赴任して法務省や弁護士会関係者に対してさまざまなアドバイスを行った。その一つに調停があり、モンゴル弁護士会は2006年に弁護士会調停センターを設立した。2006年から2008年には磯井美葉弁護士が「モンゴル弁護士会強化プロジェクト」の専門家としてモンゴルに赴任して弁護士会の地位と能力向上のための支援を行ったが、その中で弁護士会調停センターの運営支援も行っていて、このころからモンゴルの司法関係者の間で調停が少しずつ知られるようになっていった。

訴訟事件数の増加とそれに伴う裁判官の事件負担増加に悩んでいたモンゴル最高裁は、この調停制度を裁判所内に導入できないか検討をはじめ、JICAに支援を要請することとなった。そして、2010年から「調停制度強化プロジェクト」が開始されることとなり、そのプロジェクトの専門家として僕が参加することとなった。

「調停制度強化プロジェクト」は、JICAの技術協力プロジェクトであるが、勤務先はJICAではなくてモンゴル最高裁。最高裁の中に設けられたワーキング・グループと協働して、モンゴルの裁判所に調停制度を確立するのが仕事だ。もっとも、調停制度を作るといっても、調停に関する法律などはまだ何もない。民事訴訟法など現在通用している法律の枠内で、プロジェクト期間として予定されている2年半ほどの間に、2か所の実験のための裁判所（「パイロット・コート」と呼んでいた）で調停を試行してみるというのが当初の計画だった。そして、問題点や改善点を洗い出し、モンゴルで本格的に調停制度を導入する際の大まかなプランを提言する。要約すれば、以上が僕に当初ＪＩＣＡから与えられていたミッションである。調停は順調にモンゴルで受け入れられ、当初のプロジェクト期間中の２０１２年５月には調停法という形となった。プランを提言できればそれで合格とされていたのが、実際には立法化までできてしまった。その後、プロジェクトは、調停法の成立を踏まえて、モンゴルで調停制度が定着することを目標とする新たなミッションを与えられ、継続していった。僕も引き続きモンゴルに残り、プロジェクトを率いることとなった。

実際にモンゴル全国の裁判所で調停がはじまったのが２０１４年である。２０１４年の１年間で、全国で５０００件を超える事件を調停で処理した。争いのある形の民事訴訟事件数が年間約２万件であるから、かなりの比率である。さらに２０１５年の１年間の処理事件数は１万５０００件を超えている。調停はもはや裁判所での紛争解決に欠かせないものとなっている。ＪＩＣＡの法整備支援プロジェクトの中でも、恐らくこの調停制度強化プロジェクトは最も成功したプロジェクトの一つといってもよいと思われる。

僕は、このプロジェクトに一貫して最初から最後まで関わってきた。僕のモンゴル滞在は2045日に及んだ。しかし、僕は、決して国際協力の専門家ではなかった。調停について特に人一倍詳しいわけでもなかった。司法試験制度改革のおかげでようやく弁護士になった中年のさえない地方の一弁護士にすぎなかった。そんな僕がどういうわけでこのプロジェクトに関わるようになったのか、そして、プロジェクトをどのように運営してきたのか、これから書いていこうと思う。

目次

僕はモンゴルで何をするのか

長期赴任前，短期専門家としてはじめてモンゴルに到着した夜のウランバートルの街並み（2010年）

法整備支援

僕のモンゴルでの生活を紹介する前に、法整備支援について僕の考えを述べておきたい。法整備支援というのは、一般の人にとっては聞き慣れない言葉だと思う。ごく簡単に説明すれば、開発途上国の法律や司法制度の整備を支援する活動のことで、日本では主にＪＩＣＡが中心となってＯＤＡ（政府開発援助）の一環として行われている。法整備支援に関わる人は、僕のような弁護士をはじめとして裁判官、検察官といった法律実務家、大学教員などの法律研究者が中心となっているが、そのバックには、さまざまな調整や事務手続を行うＪＩＣＡ職員や現地のスタッフ、大学職員といった人がいることはいうまでもない。

僕の勝手な感想だけれど、法整備支援に関わる人というのは、ある程度同質的な価値観を持っていることが多いようだ。ごく大ざっぱにいうと「海外で働きたい」、「海外で困っている人を助けたい」、「人権は普遍的価値観」、「不正を糺《ただ》したい」、「人づくりをすることで自分も成長したい」、「賄賂を取るなんて最低の人間」とか思っている人が多いはずだ。また、多くの人は今の法整備支援の仕事に就くまでに多大な努力をしている。仕事自体の絶対数が少ないのも原因だと思うが、弁護士の例でいえば、ロースクールのときから法整備支援に関心を持って授業を取ったりセミナーに参加し、司法試験に合格して弁護士になった後はJICAの研修を受けたり弁護士会の国際委員会で人脈をつくるなどして、晴れてJICA専門家をはじめとする国際機関での職を得る。

僕は、自分のことしか考えない嫉妬深い人間で、人のためにとか思って仕事をしたことはない。「法整備支援」という言葉自体も、2009年にJICA専門家に応募する際にはじめて聞いている。だから、もちろん法整備支援のJICA専門家になるための努力など全くしていない。そんな仕事があると知らないので努力しようもないわけだ。JICA専門家になったのは、ほぼ偶然といってもよい僥倖《ぎょうこう》で、同業者の多くが共有している価値観や知識はない。だから、これからおいおい語るつもりの僕のモンゴルでの行動について、「こいつ何もわかってない」とか、「考え方自体がおかしい」とか、「努力もせずにむかつく」とかいう感想を持つ人がいるのはしょうがない。法整備支援に実際に今関係していたり、法整備支援の仕事に就くことを目指していたりする人ほどそう思うはずだ。

しかし、法整備支援について完全な素人だった僕でも、なんとかモンゴルで2045日間を生き延びることができた。僕は、法整備支援とはこういうものだとか、法律はこうあるべきとか、日本の調停はすばらしいとか、そういった価値観を放棄して、というより法整備支援をやりたいと思ったこともないのだから何も知らずに、現地に飛び込んでいった。そのことがかえってよかったと今では確信している。知らないこと、素人であることが逆に強かった。先入観なく現実をそのまま見て、モンゴルの人と同じように思考を巡らせて、どのような方針で仕事をしていったらモンゴルで受け入れられるのかと日々考えてきた。そして、知らないからこそ、従来の思考にこだわらずに仕事をすることができたし、知っている人に仕事を任せることができた。その結果、モンゴルでのプロジェクト（裁判所に調停制度を構築するというプロジェクト）は成功裏に終わっていて、今現在もモンゴルの裁判所で調停は盛んに行われ続けている。

僕がしてきたのは、流れを読んで、良い流れがあれば見逃さずに思い切ってそれに乗り、悪い流れがあればじっと動かないこと。さらに、良い意味で単なるお飾りになることだ。逆説だが、専門家は専門家としての仕事を全うしようとすればするほど専門性が不要となっていく。僕はプロジェクトの後半では自分では現場で動いていない。アイデアをぶち上げて、それに向かって現場を止まらないように走らせ続ける。いろいろな関係者を巻き込む。そうしたことばかりしていた。法整備支援をする人は専門的知識を持つべき、国際援助と法律の知識を持つべきであるというのは、僕に言わせればズレている。

僕は、要するに今抽象的に述べたようなことをモンゴルで2045日の間考え、やり続けてきたのだが、自分の考えを肯定してもらおうとか、アドバイスしたいとか、そういう傲慢《ごうまん》なことは微塵《みじん》も思っていない。尋ねられたら「僕はこういうふうにやってきたよ」と答えるだけだ。「こういうやりかたもアリですね」と思ってもらえれば、僕としてはもちろんとてもうれしい。

おまえがガンバれよ!

1995年、僕が大学を卒業した年のことをご紹介したい。モンゴルというか、その後の僕の人生の前振りのような話だからだ。

1995年当時、僕は、大学卒業後就職せずにぶらぶらしていた。時代はバブル崩壊直後、就職についてはかつてのような売り手市場ではなくなっていたが、その後さらに経済は悪化したからまだ最悪の時代ではなかったといえるだろう。なぜ僕が大学卒業後に就職しなかったのかというと、波に乗り遅れたというか、みんなと同じ動きを取れなかったことが大きい。僕は大学に親しい友人もいなかったし、サークル活動なども全くしていなかった。ある関西の私立大学に在籍していたのだが、大学には神戸の実家から1時間半かけて通学し、大学に行ったら行ったで、図書館にこもって本を読むだけの毎日だった。この年の1月に阪神淡路大震災があり、実家はなんとか無事だったが、神戸あたりは交通網などいろいろと混乱していた。大学の卒業式もまともにあったのかどうか、僕は地震の後は大学に行ってないから知らない。こういう状況で、なしくずし的に、僕は就職しないことになった。

地震があろうとなかろうと1月以前に就職活動は終わっているのだから、ここで無職になったのは僕が自主的に選んだ結果ということになる。前年に分厚い就職情報誌が何冊も実家に送られてきたが、僕は、就職するということに全く意識が及んでいなかった。そうかといって大学院に進学しようというのでもない。行き詰まった感じはあったのだが、そして、このままではさらに行き詰まりがどうしようもなくなるという直感もあったのだが、動けなかった。あるとき、大学の同級生に「就職活動をすべき」と説教されたのがきっかけで、自分ができそうな仕事を探したことがある。実家にあった業種別電話帳（タウンページ）を取り出してきて、すべてのページをめくって自分ができそうな仕事を探したことがある。しかし、結果としては、僕ができそうな仕事というのはこの日本には何ひとつないことがわかっただけだった。今考えると、自分がしたい仕事を人に与えてもらおうという考え自体が根本的に間違っている。仕事というのは自分で作っていくべきものだったのだが、当時の僕はそこまで思い至らなかった。というわけで、自分ができる仕事がないことは判明したのだが、そんな僕にも焦燥感だけはあって、2、3枚の就職説明会への申込みはがきを書いたのは覚えている。しかし、実際に就職説明会には一度も行かなかった。

4年生の夏前になると、同級生はぼちぼち就職も決まってきて、焦った僕はまだ間に合う地元神戸市の公務員試験を受験した。これは筆記試験だけはなんとか合格したのだが、面接試験に遅刻してしまい、さらに面接では面接官への反発心から口論するという、「おまえ、何しに来たの？」と今の僕ならしかりつけたいような振る舞いをして、当然のことながら不合格となった。僕には、これでは将来はじり貧というか、どうにもならないという直感だけはあった。ゼミの教授も心配して大学事務の仕事など紹介してくれたりしたが、僕は以前大学の事務員とけんかしたりもしていたので、とても合格できまいと思って試験にも行かなかった。こういう不義理も重ねており、また、大学卒業後もぬくぬく実家で暮らすためには、教授や親が納得できそうな理由を作る必要があった。

僕は、司法試験を受験することを就職しない言い訳にしようと考えた。当時は今と違って司法試験は最難関の試験として公認されており、合格には10年かかるといった司法試験伝説のようなものすらあった時代だ。30歳すぎまで合格せずにぐずぐずしていてもなんとか言い訳できるような雰囲気。ただ、司法試験を受けるにしても、自宅で自分だけで勉強できるような才能が僕にはないことは自分が一番よくわかっていた。実は、僕の大学の同級生はこの年現役で司法試験に合格している。僕の通った大学から司法試験に合格するというのは極めてまれなことで、彼は、当時、大学ではちょっとした有名人だった。彼のようになりたいというあこがれはあったが、同時に、自分の能力が彼に比べて圧倒的に貧弱であるという自覚もあった。

以上のような思索を経て、僕は、公務員試験が終わった後、極めて安直に、司法試験受験の予備校というものに通うことを宣言した。親としても、カネはかかっても子どもが既定のルールに従っている、きちんと予備校に通っているほうが、実際勉強していなくても安心するものだ、かえって親孝行だ、というあくどい考え。僕は、大手司法試験予備校である「LEC東京リーガルマインド」の入門講座に申し込む。もちろん数十万円に及ぶ受講料は親からせびり取ることにしたのだ。

大学卒業後はLECの神戸校に実家から通学しはじめた。このとき僕の受けた入門講座はビデオ授業で、伊藤真という講師が講義をしていた。(異論があるのは承知のうえで言うのだが)論点ブロックの発明者、司法試験界の奇跡、カリスマと呼ばれた男である。僕は、伊藤真の講義に魅了された。法律ってこんなに面白かったんだ。いや、正直にいえば、はじめて味わう知的優越感、法律という高尚な知識と戯れてる自分の格好良さに溺れていた。今思えばすべてが幻想、劣等感の裏返しなのだが、僕のレベルの低さではそのことに気づくすべもない。

そうして僕は司法試験の入門講座に通いはじめたのだが、大学卒業直後の夏に大きな変化があった。伊藤真がLECを退職し、自ら新しい司法試験予備校を立ち上げるというのである。僕は、伊藤真の授業に、というよりその授業を受けている僕自身に、当時酔っていたから、LECではなく伊藤真が立ち上げる新しい予備校、つまり、現在の「伊藤塾」に本当は通いたいと思った。伊藤塾にはLECで垣間見られたような商業主義のにおいが薄くアカデミックな雰囲気すら感じられたし、正直にいえば、僕の優越感と自己満足をさらに満たしてくれそうな気がしていた。しかし、すでに入門講座1年分の学費を親がかりで支払ってもらっている身分ではそれはできなかった。実家は一介のサラリーマン家庭、両親が爪に火をともすように蓄えた金をあたら浪費している罪悪感はさすがの僕にもあった。僕はやむを得ずLECの講座に通い続け、おそらく、前年の講義の録画だったと思うが、ビデオで伊藤真の授業を受け続けた。そうした中でも、僕は、伊藤塾の新鮮さ、派手派手しくない地道な格好良さに羨望《せんぼう》を隠しきれなかった。それで、思い余って、その年の夏、伊藤真に届くかどうかもわからないが手紙を書いた。「伊藤真塾長への手紙」である。

出した手紙の詳しい内容は今思い出せないのだが、恥ずかしげもなく、伊藤真に「がんばってください！」と書いたことは覚えている。当時、僕は、ある歴史物の漫画を愛読しており、幕末に真木和泉という長州藩士が蛤御門の変で敗れて自害する際「見た目が足利尊氏でも心が楠正成であればよいではないか」的なことを言うシーンに感動していた。つまり、不本意にも天皇に敵対する形になったが信条は尊皇だということだと思うのだが、これに当時の僕は泣いた。そして、このフレーズを使って伊藤真をも泣かせようと策を弄《ろう》した。手紙に書いたこの言葉だけは覚えている。「私は見た目はLECの生徒ですが、心は伊藤塾の塾生です」と書いたはずだ。この恐らくはぶしつけで情熱的なわけのわからない手紙に対して、伊藤真から返信があったのである。今でもその返信は手元に置いているが、そこには、「心は私の塾生ですという言葉をきいて大変にうれしく思いました」とあった。さすが真木和泉である。すごい人だということは（漫画で）知っていたけれど、本当にただ者ではないことが改めてわかった瞬間である。人を動かす言葉の重み。そして、ピンポイントで僕の駄文の中から真木和泉のフレーズを指摘する伊藤真の賢明さ。高度な教養のバトル、取っ組み合い、競演ともいえるのではないか。僕だけが蚊帳《かや》の外であるのが悲しいが。

重要なのはここだけではない。この返信で、伊藤真は、勉強の方法について述べたうえで「頑張って下さいね」（原文のまま）とまとめてある。当時の僕は、なんてことのない、特に意味のない文書のまとめのように感じて読み流していた。しかし、今の僕はこの一文が引っかかる。おそらく伊藤真は「おまえがガンバれよ！」と、当時の僕に対してもっとも的確な指導をしてくれていたに違いない。「俺の心配をする前に自分の心配をしろ」と。完全に一本取られているのだった。しかし、当時の僕は混沌《こんとん》の中にいたから、高度な（？）返しである「おまえがガンバれよ！」に気づくことすらなく、伊藤真の真意は残念ながら届くことがなかった。単にもらった手紙（直筆の「伊藤真塾長からの手紙」！）を机の前に貼って満足し、惰性で時たま司法試験の勉強を続けただけである（主に勉強ではなくてゲームをしていた）。まあ、それでも、翌年にでも合格できれば、なかなかやるなということにはなるのだが、そうはうまくいかない。僕が実際に司法試験に合格するのはなんと、これから11年後のこととなるのである。

不遜にも、伊藤真に「がんばれよ」と声をかけ、「おまえがガンバれよ！」と返された。そして、それに答えられることなく（というか手紙の趣旨を理解していないから答えようもなく）ダラダラと生活を続けてきた。その後、僕は、29歳で裁判所で働きはじめ、ようやく35歳で弁護士になったのだが、相変わらず惰性で仕事をする地方の一弁護士だった。

もし、今、伊藤真の「おまえがガンバれよ！」という返しに対して、僕が「なんとかぼちぼちがんばってます」と答えられるようになっているとすれば、それは、２０４５日のモンゴルでの経験のおかげだ。

なぜならそこにモンゴルが

日本人、モンゴル人を問わず頻繁に尋ねられるのが「なぜあなたはモンゴルで働くことになったのですか?」という質問だ。僕が昔小学生のころ読んだ子ども向けの切手収集の本に、「なぜ切手を集めるのか?」という非常に本質的かつその本の存在そのものに疑問を呈するような一文があり、その答えとして「なぜならそこに切手があるから」とあった。「山」以外にもいろいろ使えるということを学んだ。だから、適当に答えるときは「なぜならそこにモンゴルがあるから」と答えたりする。少しまじめに答える必要がある場合は「たまたま、職場でネットサーフィンしているときに日弁連のサイトを見て、JICA専門家の追加募集がかかっていたので申し込みました」と答えている。そして、その答えに続けて「合格するとは思ってなかったし、その前月に結婚していた妻に相談もせずに申し込んだので、合格後に報告したらすごい怒られました」とかぶせるようにしている。たいていの人はこれで納得してくれるというか、一応、笑って流してくれる。でも、この答えは、うそはないが100パーセント正しく事情を説明しているわけでもない。

正確な答えはこうである。この場ではじめて書くが、2009年12月ごろの僕は、弁護士になって2年目、初心者運転の弁護士だった。そして、すでにこの時点で、将来に行き詰まりを感じながら毎日仕事をしていた。営業ができて仕事を取ってこられるわけでもない。多分ほとんどすべての弁護士は僕より賢いこともわかった。そうした自覚ができてくると、ふつうは自分のスキルアップを図るためにそれこそ英語を学ぶとか、得意分野を伸ばすとか、ボスに気に入られるように振る舞うとかいろいろ考えるのが普通であろう。しかし、僕はそういった努力もしなかった、というかできなかった。努力できることも能力であってみれば、僕には努力できる能力もなかったということだ。

このままでは、進歩のない毎日を送ることになるという恐怖感だけはあったが、どうすればよいのか全くわからないままに、2009年の11月末には2度目の結婚までしてしまった。その過程も、たまたま、良い過払事件が来てその報酬で指輪を買うといった自転車操業だった。煮詰まった状況の僕の目に飛び込んできたのが、JICAの「モンゴル調停制度強化プロジェクト長期派遣専門家募集」のお知らせだった。2009年の12月はじめころの話だ。

募集要項を読んだ感想は、「これはなんだろう?」というものだった。日本語としては理解できるが、内容についてはは全体的に意味がわからない。「JICA」とは何か。「モンゴル」とはどういう国か。「調停」って何をするのか。そもそもＪＩＣＡという存在を僕は知らなかった。ネットで調べると、青年海外協力隊などを派遣している、ＯＤＡを担当する独立行政法人で、外務省管轄だという。これで大体イメージはついた。次に、モンゴルを調べるが、国土が日本の４倍、人口が３００万人、ロシアと中国に挟まれている、とにかく寒い、日本とはノモンハン事件で戦争をした相手方、旧社会主義国、遊牧生活、ゲル、乳児死亡率が高いといった情報は得られたものの、具体的なイメージは全然想像できなかった。調停については、一応仕事で利用したことはあったものの、現地で何をするのか、調停をどのように指導するのかといったことはこれも全く想像できなかった。このように、漠然としていて、全く具体的な仕事については想像ができない中で、僕はこの募集に申し込もうと思った。なぜそういう決断をしたのかは自分でもよくわからない。ただ、こう考えたことだけは覚えている。「僕が、この後の人生でモンゴルに長期間住むことは恐らくこの機会を逃しては二度とないだろう。僕以外の人にとっても、モンゴルに住んで仕事をするというのはめったにできないことだろう。そうであれば、一度、この機会に、モンゴルで住んでみるのも悪くない。人生は一回きり」。

募集要項には、実務経験５年とか、英語能力とかいった条件も書かれていて、これらを僕は全くクリアできていなかったけれど、申し込めばなんとかなるのではないかという直感はあった。そのとき僕の弁護士としての実務経験は2年、英語は中学2年生のときに合格した英検4級という状況だったが、追加募集ということもあるし、ダメでもともとだし、このあたりはあまり心配していなかった。そして、これもなぜだかわからないが、「申し込んだらおそらく合格するな」という直感はあった。帰宅して、一応妻にも相談した。履歴書の内容を妻に見てもらって全然なってないとか怒られながら修正したりして書類を提出すると、すぐに東京に面接に来るようにと連絡があった。いよいよわけのわからない現実が差し迫ったような気分がして少し怖かった。

面接で聞かれたのは、どのようにプロジェクトを進めていくつもりかということと、あと覚えているのは、やはり英語力についてだったと思う。英語能力を示す客観的な資格がなかったからだと思うが、「海外に行って英語でホテルに宿泊したりできますか?」と聞かれて、そもそも僕はそれまで一人で海外に行ったことなどなかったし、まあ、ホテルくらい泊まれるのでないかと考えて迷わず「はい」と答えた。後からよく考えると、韓国のコンビニで一人で買い物ができずに妻にレジに行ってもらったりしていたのだが。

面接したその日の夜のうちに、合格したという連絡を受けた。このときはうれしかった。要するに、はじめは興味本位の申し込みだったが、何もわからないなりに、この仕事をやってみたいという気持ちが芽生えていたということだと思う。

赴任決定

モンゴルへの赴任が決まったのが2009年の年末で、それから先は物事が急展開していった。僕がモンゴルへ行くことが決まったことをまず報告したのは、1か月前に結婚したばかりの妻だ。妻は常々「海外で生活できたらいいな」と言っていたので、僕はモンゴル行きを喜んでもらえると思っていた。「すごいね、私もうれしい！」といった反応を期待していたのだけれど、実際の反応というのは、「言葉もわからないモンゴルで何をするのか」、「医療事情などどうなのか」、「収入はどうなるのか」といったことを問い詰められるというもの。そして、そのいずれの質問に対しても、僕は思いつき以外の答えを持っていなかった。一番妻が心配していたのは、結婚式のことである。僕たちはまだ結婚式を挙げておらず、入籍だけを1か月前に済ませていた。来年あたりからゆっくり準備するつもりで、この時期はあるホテルで結婚式をすることを決めて見積もりなどをしている段階だった。式場も決めて準備も進めている結婚式がモンゴル行きによってどうなるのかというのが、妻の一番の心配だったようだ。僕は、まあ、自分のことだけが大好きという性格であるのと、中年のくたびれたおっさんであるのにもかかわらず離婚経験もあり、いつか来た道というか一度過去にたどった道でもあって新鮮味も期待しない状態。そういうこちらの態度は当然相手方にも通じるというもので、ただでさえ妻は僕に不満だったはずである。そこに新たに「大阪発モンゴル行き」という全く意味不明、ただ、漠然とであるが当時の僕たちにとってあまりよくないイメージだけはある、人生設計をゼロからやり直すことすら求められそうな片道っぽい切符を僕が勝手に2枚買ってきた。しかも行き先であるモンゴルについて、肝心の僕が何もわかっていないと。こういう状況でいらつかない人間はいないと思うのだが、やはり妻の怒りも増幅していったようで、当時、僕たちはモンゴルの話題になるたびにけんかをしていた。

気がめいってきたのでカネの話をする。ここでするのはプロジェクトを運営するための予算の話ではなく、個人の給料の話だ。ＪＩＣＡ専門家の金銭事情というのには関心がある人は多いと思う。僕自身、カネの話には人一倍関心があるにもかかわらず、実際にＪＩ

CA専門家の面接に応じた時点では収入のことを尋ねるのを躊躇《ちゅうちょ》した。カネの話というのは聞きにくい。多くの法整備支援に携わることを希望する人もJICA専門家の具体的な収入を知りたいと思うだろうが、実際のところそんなことを大っぴらに言うばかは、ほとんど存在しないから、インターネットがこれだけ発達しているのにもかかわらずJICA専門家の給料については明らかではない。もっとも、JICA専門家といってもいろいろな出身母体、いろいろな年齢の人がおり、一言で言えないという理由ももちろんある。

JICA専門家の給料（正確には業務委託契約であるので「報酬」）は、モンゴルでもらう給料と、国内でもらう給料の二本立てで成り立っている。2つの給料はそれぞれ決して安くない。1つだけでも十分生活していける金額だ。国外でもらう在外手当は、その人の大学卒業後の年数や職務内容で決まってくる。弁護士が専門家になる場合、在外手当は自動的に勤務地と大卒年数で俸給表によって決まってしまう。年齢にもよるが在外手当だけでも、月収30万円~50万円くらいにはなるだろう。国内でもらう国内給付は、その人が企業や役所に勤務している人であるか自営業者であるかによって異なるが、基本的には、その人がこれまで国内の仕事でもらっていた給料を補塡する制度である。だから、国内での給料が高い人ほど高くなる。そのほか、住居手当や家族手当などの各種手当がつく。この手当もばかにならない金額で、うまくやりくりすれば住宅費や教育費をただにできる。僕の見聞きした話や自分でも給料をもらった実感としては、法整備支援をする弁護士は年間1000万円から1800万円程度もらっているのではないかと思う。

カネのことについては、はじめ僕はほとんど気にしていなかった。最終的に、妻に厳しく言われたこともあって、日本弁護士連合会の国際交流委員会の偉い人にいくらカネをもらえるのか電話して尋ねたのだが、「まあ、それなりにもらえる」といった漠然とした回答があっただけで、最終的にこれだけもらえるとわかったのは、実際にモンゴルに行った後、報酬の明細を見てからだ。ただ、僕は、国際協力と言いながらも、ボランティアではなく専門家として仕事をしに行く以上、それなりの収入があることは確信していた。これは、(法整備支援分野に限らず) JICA専門家になりたいという人が多数存在するらしいことからも想像はついていた。

出張と派遣前研修

モンゴルに行くと決まってからも、その実感はほとんどないままに、夫婦げんかのネタが増えたくらいでいつもと変わらず時は過ぎていった。モンゴル行きを現実的に考えはじめたのは、2010年3月に入ってからのことだった。僕が専門家として長期赴任する予定日の2か月前のことだ。さすがに、一度も海外で生活したこともなく、法整備支援もJICAも知らないど素人をいきなり送り込むことに躊躇を感じたのだろうか、一度モンゴルを経験させようということで、JICAが約1週間のモンゴル訪問をセッティングしてくれた。モンゴルでは、最高裁で日本の調停制度についてのセミナーを行ったほか、法務省、裁判所、弁護士会といった主要関係機関へあいさつにも行った。僕にとってのモンゴル初体験となるこのときの訪問の印象というのは、途中北京で飛行機が遅れて空港に泊まるといったアクシデントが重なったこともあり、必ずしもよいものではなかった。何が悪いというわけではないが、なんとなくやりにくそうな感じがした。人間関係が深すぎてよそ者が入り込めないような印象もあった。3月とはいえモンゴルではマイナス10度程度にはなる環境の厳しさも身にしみた。

唯一救われたことといえば、英語を使わなくてもいいとわかったこと。プロジェクトのスタッフは日本語ができるモンゴル人であり、通訳も兼ねるので、僕は日本語で仕事ができるのだ。英語ができないことを僕は十分自覚していたから、仕事でどのくらい英語を使うのかということはとても気になっていた。

法律というものは、現実に目の前にある機械の部品とか自然現象とかと違って言葉という抽象的なパーツの組み合わせのロジックなので、言葉をきちんと操れなければ意思疎通に齟齬《そご》が生じる。しかし、3月のセミナーで僕の通訳をやってくれた5月からのスタッフに内定しているトゴスさんは、一回会って話せばその有能さがわかる女性であった。彼女は後に、調停法の起草にも重要な役目を果たすこととなる。この2010年3月の1週間の出張は、良くも悪くも僕のモンゴルに対するイメージを固めるのに役立った。心の底では、なんとかモンゴルでも2年間くらいはやり過ごせるのではないかという希望が芽生えたのだ。あくまで「やり過ごす」ということだが。

僕のモンゴル着任時期は、JICA本部と相談のうえで2010年5月の連休明けと決まっていたのだが、4月になったら20日程度の派遣前のJICA専門家研修に参加するよう指示された。長期専門家として各国に派遣される専門家を対象として、東京で実施される研修だ。JICAの基本情報、専門家としての基本的な心構え、経理事務の概要、海外赴任経験者からの講義、地域事情についての説明、プロジェクトの計画を策定する方法の実習など多くの内容を含む。僕は対象になっていなかったが、人によっては、英語などの語学研修もこれらに付け加わる。

研修期間中に心に残っていることは、やはりというか、申し訳ないが研修の内容そのものではない。研修の内容はそれなりに工夫されていたのだと思うし、その期間、カネをもらっていて文句を言うべきでもないのだが、正直な感想をいうと、僕はこの研修がとてもとても退屈だった。例えば、仮想のプロジェクトの活動方針・問題点・対応策などをマトリックスに従って整理し、問題を抽出するといったカリキュラムもあった。こういうのも、意地悪に言えば子供だましであり、受講生のプライドをそれなりにくすぐりながら気持ち良く、さも頭を使っているように思わせつつ、問題が生じることも含めてある意味順調に模擬プロジェクト運営を体験させるという趣旨にしか思えなかった。とはいえ建前も含めてODA、というのもまた真実であるわけで、この講義を担当したコンサルタントはそういった虚実の論理を僕たちに示していたのかもしれない（そんなわけない）。

とにかく、僕は、この派遣前研修のカリキュラムの大半をくだらないと感じていたということだ。なんの授業だったか忘れているが、僕はＪＩＣＡの課長か誰かの講義時間に思わず居眠りしてしまったことがあった。どうも、最前列近くでいびきをかいて寝ていたらしく、見かねた隣の人が起こしてくれた。僕は、かつて裁判所にいるときに、法廷でいびきをかいて寝ている弁護士を見て度肝を抜かれたことがあった。「なんと愚かな弁護士か。こんな不真面目でどうしようもないばか弁護士が高い報酬を得ているとは、なんと理不尽なことなのか」と思っていたのだ。しかし、あれから10年もたたずして、僕は、その弁護士と同じことをする人間になっていた。

僕は研修中は市ケ谷に宿泊していたのだが、研修が早めに終わった日などは、市ケ谷駅前の釣り堀で釣りをしていた。コイを釣るのだがこれが意外と難しい。目の前でコイが泳いでいるのに、えさに食いついてくれない。手の届くような距離を泳いでいるのに全然釣れないことに業を煮やした僕は、最終手段に出た。弱ってふらふら死にそうに泳いでいるコイをネットですくい上げて「釣れた」と思い込むことにしたのだ。それを隣で見ていた妻が「釣り堀でなくズル堀だ」と言っていたのを覚えている。なるほど、僕はずっと「ズル堀」流で今まで来ているような気がする。

僕はモンゴルで何をするのか

連休明けの2010年5月10日、僕は、モンゴルに向けて出発した。飛行場まで妻の両親が見送りにきてくれた。今であれば「モンゴルに行く」という人がいても僕にはなんの感慨も浮かばない。「はあ、そうですか」って思うだけだが、当時の僕は、日本を代表してモンゴルの司法界に物申しに行くような心持ち。ただ、問題は物申しに行くモノというかネタがいまいち心もとなかったことだ。結局、モンゴル行きが決まってからの約半年間、3月に1週間出張に行くなどしてある程度の情報を得たとはいえ、実際に現地に行ってから何をどうするのかについては、全く雲をつかむような話であることに変わりなかった。

プロジェクトについては「パイロット・コート（後から詳しく出てくるが、プロジェクト開始当初に調停を試行する予定の裁判所）で調停をやってみる」ことくらいしか決まっていない。パイロット・コートは、候補地として首都ウランバートルの東にあるバヤンズルフ区裁判所と、モンゴル第2の都市でウランバートルから北に200㎞程度の場所にあるダルハン・オール県郡間裁判所の2か所を予定していたものの、そこでの具体的な調停運営についてはワーキング・グループ（後で説明するが、運営委員会みたいなもの）を作ってそこで決めていくということしかわかっていない。

そういえば、ＪＩＣＡのプロジェクトでは、「カウンターパート」とか「ワーキング・グループ」とか「パイロット・コート」とか「ドナー会議」とか、いろいろと変な英語みたいな（というか明らかに英語の）概念が出てくるのだが、こういう言葉遣いにいちいち僕は腹が立っていた。ＪＩＣＡの関係者は、このような言葉を平気で一般人相手にも使う。まあ、僕は専門家に内定した時点で一般人という扱いではなかったのかもしれないが、こういった言葉を聞く都度、僕は「なんや、わけのわからん言葉使って」といちいちむかついていた。だから「『ＰＤＭ』ってどういう意味ですか？」などと、いちいち反発してわからない言葉を流さずに聞き返していた。実際やってみると、いちいち聞き返す、確認していくというのはけっこうに面倒くさい作業である。相手の話を遮るようで悪い気がするし、自分自身が（そのとおりなのだが）アホと思われる恐れもある。ＪＩＣＡ関係者の言葉遣いにも慣れた今だから思うのだが、彼らが格好良く「先日のワーキング・グループ会議で現地ドナーとの調整について議論して、ＰＤＭの上位目標を現地ドナーの活動方針とリンクさせるために合同調整委員会を開催することにしました。これでプロジェクトのインパクトが高まります」とか言っているのを聞いている人の何人かは、「はああ?」って思っているのではないかと思う。少なくとも、今なら漠然と意味のわかる僕でも「はああ?」って思っているのであるから、意味のわからない人はもっと「はああ?」と思っているはずである。これは、専門用語という点では、弁護士が「相続分は決まっていますが、こちらの寄与分については主張の余地があると思います。また、弟さんの特別受益についても主張していきます」とか依頼者に説明するのとほぼ同じレベルだと思う。でも、弁護士は、こんな言い方をすると依頼者から「はあああ?」って思われることを多分知っている。だから、依頼者がついてこられていないうちは、こんな言い方はしないか、しても意味を説明する。しかし、なぜか、国際協力関係者というのは、相手の気持ちに無頓着だ。そう、まさにいろいろな意味で相手の気持ちを気にしない人が多いと思うが、この言葉遣いひとつとっても「ついてこられない人は置いていく」方針でおられる人が多いように思う。なるほど、義務教育と違うんだから置いていかれても仕方ないともいえるのだが、僕はやっぱり今でもこういう言葉遣いにむかついている。

さて、ワーキング・グループというのは、僕の担当する調停プロジェクトを実際に動かすための各種決定をして実際にも動く、いってみればプロジェクトのモンゴル側実施主体ということらしい。現地に行くと、最高裁、弁護士会がそれぞれメンバーを任命するということだったが、最高裁が全メンバーを決定していたりして、要するに細かいところは臨機応変に決まるということなのだなということはわかったのだが、このワーキング・グループの活動がどういう仕組みで具体的な裁判所や弁護士会の活動に反映されるのかは、全く理解できなかった。司法行政システムの中にどのように位置づけられるのか意味不明だったからだが、今になって振り返ると、ワーキング・グループというのはあくまでシステム外のものであり、その内容を実際に反映させるかどうかというのは、権限を持つ人の気持ちひとつにかかっているということだった。日本でいえば審議会のようなものか。だから、ワーキング・グループで決まったといっても、実際にその決定を具体化する段階で反対意見が出たりすると、ワーキング・グループの決定が実施されないこともありうるのだ。

ワーキング・グループというシステムは、恐らくほとんどすべてのＪＩＣＡの技術支援プロジェクトで導入されている。そこでは、ワーキング・グループという弱い力しかない機関をてこにしてプロジェクトの活動が成り立っているのだから、そのプロジェクトで到達すべき目標というのも、曖昧な内容にならざるを得ない。ＪＩＣＡのプロジェクト、しかも法整備支援のプロジェクトについてしか知らないが、ほとんどのプロジェクトは、現地で専門家がほとんど何もしなくても、半ば自動的にプロジェクト目標は達成されるようにできているのではなかろうか。これは、言い換えれば、プロジェクトの目標が抽象的で曖昧だということである。例えば、調停制度強化プロジェクト（フェーズ1）のプロジェクト目標は「パイロット・コートでの経験に基づき、一般民事事件および家事事件に関して、全国での調停制度導入に向けたグランドデザインが提示される」である。グランドデザインの提示とはなんなのか全くもってよくわからないが、具体的には一定の根拠に基づいて報告書を書くことであるとすれば、2年半も時間があれば絶対にできるはずだ。この根拠づけのために、2年半の期間中、パイロット・コートを動かすことはあらかじめモンゴル側と根回しができており、パイロット・コートだけ動かし続ければ一定の成果は出るはずだからである。ここでいう成果というのは、最悪、調停事件が全然申し立てられなかったというのでもよい。なぜなら、その場合「調停はモンゴルでは無理ですね」という結論が出て、導入は時期尚早という結論を出せる。まとめると、調停制度強化プロジェクトフェーズ1に限っていえば、プロジェクトの建て付け上、その成功のコツはパイロット・コートを動かすことであり、そこだけやり続ければよい。最悪の場合パイロット・

コートが動かなくても、想像でグランドデザインをでっち上げるなどしてもプロジェクト目標は最低限達成可能だと思われるが、動くと100パーセント達成できるということだ。

もっとも、パイロット・コートで調停を行うといっても、当時は、民事事件と家事事件で調停を試しにやってみることが決まっているくらいであり、誰が調停人になるのか（当時の候補としては裁判官、弁護士などがあった）、調停機関を裁判所の中に作るのか外に作るのか、調停人の報酬などの費用はどうするのかといった細かい点は全く決定していなかった。当時の資料が今手元にあるが、改めて見直すと、「今後検討する調停手続のオプション」として、「事件を担当している裁判官が調停（和解勧試）をする」といった案まであって、「これでは通常の訴訟上の和解と一緒じゃん」と思ってしまう。ずっと以前から、モンゴルの民事訴訟法上、訴訟上の和解というのは存在していた（ただし、積極的に利用されてはいなかった）から、当然、プロジェクトで訴訟上の和解はできるわけである。この案を採用するのであれば、極端にいえばプロジェクトは何もしなくていいのだ。この案による限り、やっぱり僕は何もしなくてもプロジェクトを成功させることができるということである。

いろいろと述べたが、話を戻すと、当時の僕は「細かいことはどうでもいいから、できるだけ早くパイロット・コートを軌道に乗せていく」ことだけを考えて動こうと決意していた。

プロジェクト最大の危機

ナーダム祭の競馬（2010年）

最高裁へ

ウランバートルに到着したのは2010年5月10日の深夜だった。モンゴル到着の翌日には、JICAモンゴル事務所と最高裁にあいさつに行った。このときの最高裁でのあいさつはとても思い出に残っている。

最高裁に行ったとき、ちょうど雨が降ってきた。モンゴルではあまり雨は降らないというのに、なんとタイミングの悪いことだと思いながら、当時のプロジェクトの担当責任者で最高裁民事部長のアマルサイハンさん（女性）にあいさつに行った。アマルサイハンさんとは以前3月に訪問したときに一度会っている。アマルサイハンさんの部屋に入ったら、彼女は松葉づえをついていた。スキーで骨折したとのこと。アマルサイハンさんと一緒にいたのが、首都控訴審裁判所裁判官のウルヌンデルゲルさん（やはり女性。長いので僕らは「ウルヌンさん」と呼んでいた）。実はその後プロジェクトオフィスはウルヌンさんの部屋の隣になり、今でも彼女とは家族ぐるみで仲良くさせてもらっているのだが、当時の僕は彼女を個体認識していない。ウルヌンさんはサングラスを額にかけてチューインガムをくちゃくちゃかんでいた。直前まで好きなタバコを吸っていたのでにおいを消そうとしてくれていたのではないかと今では思うのだが、当時はもちろんそんなことはわからない。アマルサイハンさんの部屋の会議用の椅子に座れと言われて座ると、「雨と一緒に来たね。幸先いいですね」と言われた。…意味がわからない。日本人としては、雨はそんなによくないことだと思っているので、最高裁の最初のあいさつという場と、彼女たちの様子と、この発言が相まって僕は混乱した。つまり「お前気に入らん。帰れ」ということかなと、なんか皮肉を言われてるのかなと思った。そうであれば、僕としてもがんばって皮肉でお返しする必要がある。「空港から首都までの道がとてもボロくてほこりっぽくて驚きました。この雨でちょっとはほこりもなくなるかな」とか（モンゴルの名誉のためにいうと、今ではとてもキレイな道になっている）。でも、よくよく観察すると特に拒絶されている感じでもない。後でわかったのだが、モンゴルでは春先の雨で草原の草が生い茂るようになる。降雨量の少なさとも相まって春の雨はとても大事なもので、「雨と一緒に来る人＝縁起がよい」という方程式が成り立っているのだ。まあ、結果的には、自分で言うのもなんだがプロジェクトは成功したわけであり、この方程式は正しかったことになる。アマルサイハンさんたちも、雨とからめて本当に歓迎の言葉を述べてくれていたわけだ。同行しているＪＩＣＡ担当者はワーキング・グループ選定の話題を振るなどしてなんとか話を持たしてくれていたが、僕としては、まあ、あいさつだけが今日の目的だったし、家を探しているとかいった日常会話をするだけでその場を終えた。

僕がこの最初の最高裁訪問で感じたことは、「けっこう手ごわいな」というものだった。アマルサイハンさんやウルヌンさんの対応には「日本人専門家を見定める」、「日本の言うなりにはならない」といった少し固い雰囲気があった。今になって彼女たちの性格をかなりわかったうえで振り返っても、いわゆる全面的な歓迎ムードではなかったように思う。例えば、サングラス＋ガムくちゃくちゃといった態度も、ウルヌンさんは今僕の前では多分しない。そういえば厳しい視線も並大抵ではなく、遊牧民の強さを漂わせていた。モンゴル人はたまにすごく厳しい目をするというか、いい意味でいうと目力のある人が多いと思うのだが、このときの2人の視線は今思い出しても厳しかった。ちなみに、僕は、ある日本の警察官から目力のそらし方というか受け流し方を聞いたことがあって、このときもそれを実践していた。相手の両目でなくて1つの目を見るようにすると、目力に負けることがないというものだ。確かに、そうすると目をそらすことなくじっと相手を見つめられる。このときの僕の対応としては、目をそらしてもじっと見ていてもどっちでもよかったと思うが、僕は頑張って目をそらすことなく彼女たちを見続けて、自分では（何ひとつ勝っていないのだが）勝ったと思っていた。

この手ごわい人たちに対して、どういう態度で接するか。これがまず直面する問題。赴任前に、ある人から「外国ではある程度偉そうにして自信を持って前に前に行くべき」といったアドバイスを受けていた。しかし、僕は、ここでこのアドバイスを実践すると絶対につぶされると直感的に感じた（後で知ったのだが、恐ろしいことにというか当然ながら、モンゴルでも新人をつぶすという発想はある）。まあ、そもそも、偉そうにしようにも、相手には僕の偉くないことがばれている。2年半弁護士をしただけの人間が、四半世紀裁判官をやっているような人間（例えば、後に出てくるトンガラグさんは、20年以上最高裁判事の職にあった）にかなうわけがない。日本で大したことのないやつが大したことがあるように虚勢を張っても、ばれてしまっているのでどうしようもない。この状態を、妻は「威張ったら殺される」と言った。「殺す」というのは、もちろん本当に殺すわけではなくて、仕事を干されるという趣旨だと思う。たぶん。

僕は作戦を変更することにした。「法整備支援という場面で何を考えているのだ」と各方面からおしかりを受けることを承知で、このときに決断した僕の気持ちを正直にいうと、今後、プロジェクトでは、基本的にモンゴル側を「接待する」という発想を基本方針とすることにした。法整備支援＝接待というのは、おそらく絶対にＪＩＣＡは認めない思考だと思う。しかし、よく考えれば、モンゴルにはこれまで調停がなかったが、それでも国や司法制度は成り立ってきた。モンゴルにとって調停はあったら便利かもしれないがなくても困らないものだ。２０１６年の今になって「調停をなくします」と言われてしまったら、現実に多くの事件を調停で処理しているのだからそれは困るだろう。でも、このときは２０１０年だ。調停なんて影も形もない時期だ。２０１０年に「なんで調停が必要なのか」と問われても、僕も含めて誰もがきちんと答えられなかったはずだ。もちろん「裁判所の負担を減らす」という目的はあった。「国民に紛争解決の選択肢を与える」という建前もあった。でも、おそらく、モンゴル側のこのときの真意、少なくとも一面の真意は「ＪＩＣＡの支援を受けて少しでも資金や機材の支援があればよい」程度のものではなかったかと思う。そんな真意を活字にするようなばかは僕くらいだろうから、これが真意だとは誰も言わないだろうが、実のところ、この後にＪＩＣＡ担当者から「最も成功した法整備支援」とすら言われた調停制度強化プロジェクトというのも、当時はその程度のプロジェクトだったように思われる。

僕には、モンゴルは調停がなくてもやっていけるのに、ＪＩＣＡは無理くり調停をやってほしいと頼んでいるようにすらみえていた。援助の供給過剰という状態、支援の対象を各国のドナーが探して回っているという状態がモンゴルの司法界でも生じていたのは事実だ。ドイツは裁判官や裁判所職員の研修、民事事件のコンピュータによる事件処理システムの導入を支援していた。アメリカは全国の裁判所に大量のコンピュータを配布していた。このように、競って援助をする、頼んで援助させてもらうことになんのメリットがあるかというと、あえていえば自国の法制度になじんでもらうことくらいであり、そのメリットが具体的にもたらす影響は間接的なものに限定されると思われる。法文化の共有とかいろいろと理屈を言えば言えるだろうが、法整備支援は直接に支援国にメリットを与えていない。調停がなくてもやっていけるモンゴルに対し、それほど欲しがってもいない、ましてや「日本」の調停という僕にいわせれば携帯電話同様ガラパゴス的にすら思えるプレゼントを無理やり受け取ってもらうことになんの意味があるのだろうか。また、受け取ってもらうことで、日本にとってなんのメリットがあるのだろうか。

そう考えたときに気づいたのが、先に述べた「接待」というロジックだった。調停は、なくても困らない。でも、あったらあったで便利なものかもしれない。例えば、仲良くなりたい取引先に自動で掃除してくれるロボット掃除機をプレゼントすることを考える。彼は多分すでにほぼ100パーセントの確率でふつうの掃除機を持っている。でも、ロボット掃除機は、メンテナンスが面倒くさいとかいろいろあるものの、それなりに便利だ。場所も取らないので使いたくなければ使わなければよいだけのことだ。ロボット掃除機をあげると言われたら、多くの人はもらうという行動をとるだろう。そして、使ってみて便利だったら彼は僕に感謝するだろう。結局使わなかったとしても、ロボット掃除機をもらったこと自体が経済的メリットであり、親しさの表れであるからやはり感謝するだろう。

僕は、JICAの法整備支援をする人が、世界を変えるとか、もっと小さくてもいい、国の法制度を合理化するとかと考えると間違えると思っている。途上国の司法制度の腐敗を是正するとか、グッドガバナンスを実現するとか、正直、そういう言葉を聞くこと自体がとっても不愉快だ。法整備支援は、接待と同列くらいに引きずり下ろして考えた方が僕には納得できる。たかだか2年ちょっとの経験しかない一介の弁護士、より詳細に述べれば50パーセント近い合格率の新司法試験に30代も半ばになって合格した弁護士。客観的には、これはどうしようもない人間だ。日本社会からも、弁護士というだけでなんだか偉そうだし面倒くさそうだし実際そうであるのだから嫌われている。むしろ社会生活上の足かせですらある弁護士。よその国をなんとかする前におまえ自身をなんとかしろと、おまえがガンバれよと、そのように思われ続けているはずの僕が、大それたことを考えてはいけないし、大それた仕事を任されるわけがない。モンゴルに対して、僕ができることは接待くらいのものだ。誠心誠意接待して、モンゴルに日本の印象を良くしてもらう。モンゴルの調停プロジェクトというのは、日本のイメージを良くしてもらう戦略の一つ。接待で和んだ雰囲気を利用して、本当に大きな政治的問題、例えば対北朝鮮といった話がうまく進めばいいねと。もちろんそこには僕は関わらないし関われない。僕はあくまで接待要員として2年半がんばる。そういう考えになったら、これは自然に腹に入った。

こういった思考の下、僕はモンゴルでは「接待」に徹することを決めた。

モンゴルの裁判所

プロジェクトオフィスは、首都控訴審裁判所の3階、裁判官室の並びにあった。2010年当時の首都控訴審裁判所の長官はゾリグさん。2016年現在、最高裁長官をしている。隣の部屋はサングラスにガムくちゃくちゃのウルヌンさん。彼女は2016年現在エ

最高裁判所（2010年）

ルデネト（ウランバートルの北西約250㎞にあるモンゴル第3の都市）の控訴審裁判所の裁判官だ。近くにはゾルザヤさんの部屋もあった。彼女は2010年の途中から首都裁判所の民事部長になってプロジェクトオフィスの斜め前の民事部長室に移ってきたので、僕たちはしょっちゅうお互いに行き来していた。彼女は2016年現在最高裁判事になっている。4階も裁判官室で、仲が良かったのがガリーマさん。彼女は2016年現在調停人だ。ゾリグさんは男性だが、ここにあげた残りの皆さんは全員女性である。モンゴルの裁判所には女性が多い、というか弁護士を含めた法律家全体を見ても女性のほうが多い。これは刑事と民事で若干違いがあって、民事は女性が圧倒的に多く、刑事は男女がほぼ均衡しているが男性が若干多い。モンゴルの裁判官は、刑事・民事・行政と専門が完全に分かれている。民事部の裁判官は原則として退職までずっと民事部で勤務する。民事専門の男性裁判官というのは、2013年ごろまでは全国で数人にすぎなかった。そういう状況の下、僕が赴任した当時の首都控訴審裁判所民事部の裁判官は全員女性だった。

ウルヌンさん、ゾルザヤさん、ガリーマさんの3人は、プロジェクトのワーキング・グループのメンバーでもあった。ゾルザヤさんとは春になると花見（モンゴルでは春先にツツジ科の赤い花が咲く）に郊外に出かけたし、ガリーマさんやウルヌンさんの家にツァガーン・サル（旧正月）に遊びに行ったりもした。みんなでカラオケも行った。全国出張で一緒に何日も地方を旅した。彼女たちには仕事でも私生活でも大変お世話になった。

新しい勤務先に初出勤するときというのは、これは誰でも緊張するものだと思う。僕の場合初出勤は何度か経験がある。弁護士になる以前裁判所に勤務していたことがあり、そこでは異動の都度新しい職場に初出勤した。細かい異動は除いても、僕の場合、高松高裁、高松地裁、徳島地裁と3回くらいは全く知らない人ばかりの職場への異動を経験した。また、弁護士事務所でも初出勤というのを味わった。司法研修所や裁判所書記官研修所に入所したときも、まあ、初出勤といえるかもしれない。

こうして何度も初出勤してきた僕の経験では、初出勤には「あいさつ」が非常に重要である。あいさつされて嫌がる人というのはいいない。でも、あいさつしなくて怒る人というのは多数いる。つまらないことのように見えるが、あいさつを繰り返していると大体仲良くなれる。そのあたりは日本でもモンゴルでも同じだと思っていたので、僕はまず裁判所ではあいさつだけはちゃんとすることにした。

僕にはズルい計算というものがある。僕がかつて裁判所書記官をしていたときに、本当に身に染みて思っていたのは、言いにくいことだが裁判官や弁護士との身分の違いであった。僕は裁判所書記官をしていたときは、毎朝「裁判官は神様！ 裁判官は神様！ 裁判官は神様！」と3回唱えてから出勤していた。これはネタではなくて本当の話だ。その後弁護士に自分がなってしまった。あえて上下というが、上下両方を経験して思ったこと、わかったことがある。上の人が悪意なく行動していても、下の人は理不尽にも恨みを抱く。下の人には丁寧にしすぎるほど丁寧にしていてちょうどいい。モンゴルでのあいさつだが、僕はあいさつをする際には下の人ほどちゃんとあいさつすることが自分にとって得なことだと知っていた。初出勤のときから、裁判所の掃除のおばちゃんとか、雑用をしている人とか、どちらかというと汚い格好をしている人たちに向けてあいさつをはじめた。わからないモンゴル語で。このときも、モンゴル語が下手だからといってあいさつするのを避けていてはもったいないと思った。下手な日本語であいさつしてくれるドイツ人の弁護士がもし裁判所にいたら、僕は彼をとても好ましく思っただろう。そう考えた。むしろたどたどしいほうがおいしい。僕は、たどたどしいモンゴル語で、そこら中の人にあいさつして回りながら、「とりあえずこれだけで半年は持つ」と、実はすごく冷徹な計算もしていた。そして、本当に、僕は何もせずに6か月過ごしたのだった。

ここらでモンゴルの裁判所について説明をしておこうと思う。「モンゴルに裁判所はあるのですか?」なんて尋ねてくる人はさすがに僕の周りにはいない(いや、それでもちょっと離れたらいるのだが)。でも、「モンゴルでゲルに住んで馬で出勤しています」というと納得する人がたくさんいるので、モンゴルの司法制度はチンギスハーンの時代とはだいぶ違っていることを説明しておこうと思うのだ。

モンゴルでも、裁判所は日本と同じ三審制である。最高裁、控訴審裁判所、第一審裁判所という形式だ。なお、日本のように簡易裁判所、家庭裁判所といった裁判所は存在しない。

先回りの話になるが、モンゴルでは2012年5月、裁判所法、裁判所行政法、法曹ステータス法、裁判官ステータス法、調停法、裁判員法の6つの法律が制定された。これら6つの法律は大統領の選挙公約である司法改革を進めるため、大統領提出法案として作成されたもので、司法改革6法とひとくくりにされて呼ばれることもある。司法改革の目的は、賄賂などのうわさが絶えない司法腐敗の是正と、国民の司法参加である。皆さんには、調停法が司法改革法案に含まれていることに注目してほしいのだ。モンゴルでは、調停は、国民の司法参加という観点から司法改革の一環として導入されているのである。

さて、裁判所の構成を定めている裁判所法も司法改革6法の一つであり、司法改革によってモンゴルの裁判所の構成は変化している。司法改革を踏まえた2015年7月時点での裁判所の構成は次のとおりだ。裁判所は全国で合計100か所存在する。内訳は、(第三審)最高裁×1、(第二審)民事控訴審裁判所×9、刑事控訴審裁判所×9、行政控訴審裁判所×1(首都のみ)、(第一審)民事区裁判所×4(首都のみ)、刑事区裁判所×4(首都のみ)、行政裁判所×22、郡間民事裁判所×21、郡間刑事裁判所×21、郡間裁判所×8。パイロット・コートであるバヤンズルフ裁判所は第一審の民事区裁判所、ダルハンの裁判所は同じく第一審の郡間民事裁判所にあたる。

モンゴルの司法試験

モンゴルの司法試験については、プロジェクトのスタッフが2人も司法試験を受けることにもなったりしてけっこう詳しくなった。僕は司法試験に関しては興味があることもあって甘くて、司法試験前に1週間の「試験休暇」を勝手に与えたりもしていた。

モンゴルで司法試験を受験するためには4年制大学法学部を卒業したうえで、国内外を問わず2年間の法律に関連する実務経験を積む必要がある。司法試験は、法務省が管轄する司法試験委員会が実施する。以前に刑罰を受けている人は出願できない。受験は、モンゴル国籍保持者に限定されず、外国籍・無国籍者も受験可能だ。試験は、毎年1回、首都ウランバートルで行われる。試験内容は、1次試験と2次試験があり、1次試験が択一式試験、2次試験がケース試験（論文）となっている。択一式試験の採点は、試験終了後に会場で機械により行われる。ここで60パーセント以上の得点があれば、翌日のケース試験の受験資格が得られる。1次試験と2次試験（各100満点）の合計で70パーセント（200点満点中140点）以上得点すれば合格である。合格発表は、試験の1、2週間後に行われる。この合格発表の際に、各科目の得点も開示される。自分の得点に納得がいかなければ、試験委員会あてに、不服申立てを行うことができる。不服申立てはケース試験の採点に対して行われることが大半であると考えられるが、実際に不服申立てによって得点が上昇して合格となることもある。

モンゴルでは、社会主義時代は法学部卒業者に自動的に法曹資格が付与されていたのだが、民主化後しばらくたった1990年代末から司法試験が行われるようになった。2013年は司法改革による法曹資格制度の変更により司法試験は実施されなかった。新制度になってはじめての司法試験は2014年11月に実施された。このときの試験は1698人が願書提出、1506人が実際に受験した。司法試験の受験申込み人数は2010年710人、2011年925人、2012年960人と次第に増加傾向にある。試験の最終合格者は312人なので合格率は約20パーセントと難しい。合格者の性別は、男170人、女142人。合格者の年齢は、20~30歳が246人、31~40歳が49人、41~60歳が17人となっている。若い人が合格しやすいというのは素直に考えれば良い傾向だと思う。大学別ではモンゴル国立大学が165人と半数以上を占めている。

この司法試験、プロジェクトのスタッフのうち2人がプロジェクトで働きながら合格している。だから、僕もいろいろと受験勉強の様子などを周りで見ていた。そこで思ったことは、モンゴルの司法試験には必勝パターンがあるということだ。重要なのは過去問題とセミナーである。択一式試験については専門書店の売店などで過去問題集が売られているのでそれを勉強する。ケース試験については、過去問題集で勉強する以外に、試験委員である国立大学の教員などが試験直前に特別のセミナーを開催しており、それに申し込んで試験の傾向を探る。僕が2人の合格者の受験勉強の様子を観察した限り、試験勉強の素材は過去問題とセミナーで必要十分。逆にいえば、これらを利用しないと合格は難しい。地方の人などで勉強方法を間違えて条文の読み込みをしたりすると合格はおぼつかないだろう。そして、ケース試験、つまり論文試験が司法試験の肝なので、試験委員のセミナーを受けた人と受けなかった人では大きな差が付く可能性が高い。問題集の多くは首都でしか売っていないし、セミナーは首都でしか行われない。つまり、情報、それも合格に必須の情報について地方の人は圧倒的に不利だ。

面白いのは2014年の司法試験では、試験会場として、町のあちこちに散在しているインターネットカフェが利用された。択一式試験をパソコン上で解答する方式にして、採点の合理化を図ったわけである。試験会場であるインターネットカフェに受験生が割り振られて受験したので、会場によっては環境の悪い場所もあったようだ。こうしたことが日本では行われにくいと思われる理由は、不正を行う人が出てくるからだと思う。実際に、不正行為の話もよく耳にする。よくあるのが、スマートフォンなどを利用したもの。択一式試験であれば、外部と連絡が取れたら正解は容易だ。もちろん、試験会場はスマートフォン、携帯電話持ち込み禁止となっているが、ひそかに持ち込んで見つかった人もいる。賄賂の話も聞く。お金を試験委員に支払って有利な採点をしてもらいたいということで、実は、僕の知り合いにも僕の目の前で電話がかかってきていた。ここらあたりはよくわからないのだが、きちんとした紹介者を通じて適切な人物にタイミングよく贈り物をすればうまくいくこともあるのかもしれない。

モンゴルの法律家

モンゴルでは、司法試験に合格したら「法律家」といわれる。法律家はいわゆる事務弁護士と同義であり、法廷に立てないが業として法律事務をすることができる資格だ。もっとも司法試験に合格していなくても弁護士事務所で法律専門家と名乗って勤務している人もいるし、モンゴルでは委任代理という方法で弁護士以外でも法廷に立てるので、司法試験合格者だけが法律事務をしているわけではない。でも、司法試験合格者は、補助者としてでなく、自分で事務所を開業してこれらの業務をすることができる。司法試験合格すなわち法律家であることがその職業に就くための前提となっている職業としては、弁護士、裁判官、検察官、公証人、裁判所書記官、検察事務官、弁護士のアシスタントなどがある。ただし、後ろ3つについては司法試験に合格していない人も相当数いるようなので必須の要件であるとはいえない。企業の法律アドバイザーも司法試験に合格していることが多い。警察官、執行官など法執行機関の職員にも合格者はいる。司法試験に合格した人は、資格を維持するため毎年研修を受けて一定の単位を取得する必要があり、単位を取得しなければ資格を喪失する。

法律家資格に関連して、モンゴルでは外国弁護士制度も２０１４年に創設されている。日本の外国法事務弁護士制度と同様、当該資格国の法律に関連する法律事務を業として行うことができる資格で、法務省が資格を認定する。２０１６年3月にＷＥＢサイトを見たら27人が登録されており（29番まで番号が付与されているがうち2人は登録抹消）、その資格国の内訳は、アメリカ12人、中国5人、香港３人、日本2人、オーストラリア２人、ドイツ1人といったところである（残りは不明）。なお、僕もこの外国弁護士の1人だ。この内訳はモンゴルに対する外国の影響力をある程度反映している気がする。

2014年末時点での法律家の数は4667人。その内訳は、裁判官458人、検察官469人、弁護士1811人、その他1929人だった。

さて、法律家が弁護士になるにはどうするか。僕がモンゴルに来た2010年にはまだ弁護士試験というのが行われていて、司法試験合格者がさらに弁護士試験に合格してはじめて法廷弁護士になれていた。その後、新制度により最高裁に登録する方針に変更されたので、今では弁護士試験は行われていない。法律家が弁護士になるためのハードルというのはあまり高くない。以前の弁護士試験もそれほど難しい試験ではなかったように思う。

検察官については、僕はあまり検察官とかかわっていないので実態を知らないが、以前は、検察事務官として勤務して、時機を見て基本的には部内試験である検察官試験に合格するというルートができていたように思う。2010年から数年の間、オフィスのある首都控訴審裁判所の受付で警備の仕事をしていた若者がいた。彼は法学部を出てやむなく裁判所で雑用のようなことをしていたようだが、やがて司法試験を受けて合格し、検察庁に入って検察事務官となり、今では検事になっていると聞いた。

僕が一番詳しいのは多分裁判官試験についてだ。裁判官試験についての悲哀というか、悲喜こもごもというのは、6年近くも裁判所にいると嫌でも目に入ってくる。モンゴルの裁判所書記官は、原則として司法試験に合格した法律家だ。裁判所書記官は法廷書記官と裁判官付の書記官に分かれており後者が格上である。前者が期日調書や尋問調書作成をメーンの仕事としているのに対し、後者は、判決の下書きの仕事や、裁判官の名前で簡易な命令を作成するなど、一定の法的判断の必要な仕事を行っていて、日本でいえば書記官というよりも判事補に近いイメージで本人たちは仕事をしているはずだ。マニアックな話をすると、書記官業界で以前流行《はや》ったドイツの司法補助官に近いだろうか。以前は裁判所書記官を何年か経験してほとんど部内試験に等しい裁判官試験を受験していたのだが、最近の制度改革によって試験制度や裁判官定員にも変更があった。今では、弁護士経験者などが多く裁判官に任命されるようになっている。裁判官になるために裁判所書記官になったものの、何年たっても一向に裁判官試験に合格しないという話はけっこう聞く。中にはペーパー試験はできるのになぜか合格しない書記官というのもいて、これは、裁判所内での仕事ぶりやもっといえば人格の評価などでそういう煮詰まった事態になっているのだろうと想像されるのだが、いったんこういうイメージがついてしまうと挽回は難しいだろう。

ところで、僕の仕事との関係で書記官の話をすれば、後に、調停の業務フローを作成したり調停法を起草したりする際、書記官事務も当然参照することとなった。民事訴訟のやり方を知らなければ調停の仕組みなど作れない。書記官事務というのはいってみれば民事訴訟法の具体的表現である。さて、そういった目でモンゴルの書記官事務を観察しているときのことだが、日本と対比すると理解が早まった。事件記録を読むにしても、基本的には記録の構造や内容はモンゴルも日本も同じなので、言葉がわからなくても大体このような内容のことが書いてあるといった趣旨は一見して判断できることが多かった。「裁判官は神様！」と唱えなければ仕事に行けなかった僕の裁判所時代の経験が、こんなところで生かされるとは思いも寄らなかった。嫌々過ごしてきた裁判所だが、辞めて10年以上たってから僕のモンゴルでの能力を2倍増3倍増にしてくれた。裁判官や裁判所は、僕にとって即効性はなかったが後々大きな功徳がある本当に神様みたいなものだった。

ダルハン

赴任して僕がまず取りかかったのはワーキング・グループ会議の準備だった。5月10日にモンゴルに到着し、19日には会議を行っているから、まずまずスムーズに進んでいたといってよいだろう。会議のメモが残っているが、そこには、「パイロット・コートで実際に調停を実施することが絶対に必要!」と手書きで書いている。パイロット・コートというのは何度もいうが調停の実験を行う裁判所のことだ。会議ではプロジェクトの目標と作業工程表を確認したうえで、調停手続を裁判所の中で行うかそれとも裁判所の外で行うかといった基本的なことについて次回までに意見を集めること、僕がワーキング・グループのメンバー(約15人)全員を個別に訪問することが話し合われている。

何もないところからはじまったプロジェクトだった。調停を試験的に実施するといっても、どういう仕組みで行うか、場所は裁判所の中でやるのか外でやるのか、誰が調停を主催するか、調停主催者は単独の調停人か調停委員会か、裁判所のシステムとどうからませるのか、一切が決まっていないという状況。決まっていないだけなら決めればよいのだが、今回の場合、モンゴル側にまったく調停のイメージができていなかった。だから決められない。一応、調停の現場のイメージはもちろんある。調停人なり調停委員が真ん中にいて、当事者同士が話し合いをして紛争解決するイメージ。でも、そのイメージだけでは、調停することはできても、調停制度はできないのだ。調停で事件を解決する手続きを具体的にルールにして、ルールに沿ってできた合意がどういう効果を発揮するのか、調停制度をどのように既存のシステムとリンクさせるのか、そういうもろもろを決めないと前に進まない。

当時の僕は、モンゴル側の誰もが調停システムのイメージができていないと感じていたが、今思えばそれは僕も同じだった。僕自身もモンゴル側とほぼ同じレベルか、むしろそれ以下のレベルでしかわかっていなかった。少なくともモンゴルではこのときまで弁護士会で調停センターが運営されていた。調停センターを運営し、実働した弁護士がワーキング・グループのメンバーになっている。それに対し、僕は調停について何も知らないに等しく、単なる弁護士というだけでモンゴルに派遣されていた。弁護士だから調停も知っているだろうと問われると、確かに、弁護士として裁判所の調停は何度も利用した。裁判所職員のときも、こちらは調停委員のほうをいろいろと見てきた。ロースクールではＡＤＲ（裁判外紛争解決手続）の授業も取った。でもそれだけといえばそれだけであり、例えば調停委員として調停を主催した経験は全くなかった。やっぱり、そう考えていくと僕は素人であり、多分モンゴル側もみんな素人に近かったと思う。だから、今盛んに行われているモンゴルの調停というのは、素人が集まって作った、そしてそのうちの一人は素人でかつ外国人だったという面白い制度なのだ。

ワーキング・グループのメンバーのうち、何人かはダルハンの人だった。モンゴルに来て、ウランバートル以外を見たくなっていた僕はダルハンに出張することにした。ダルハンは、モンゴル第2の都市であり、人口は約8万人。ウランバートルの人口が約150万人だから、モンゴルの首都と地方の格差は人口からも推して知るべしなのだ。それはともかく僕の地方出張はダルハンに行くことからはじまった。

ウランバートルを出て20分も車で走れば、周囲は草原と自然の山々であふれている。ウランバートルの外れあたりからは牛や羊が道路を横断したりしていて、その都度車は速度を落として彼らが通り過ぎるのを待つ。はじめはこのような光景に驚いていていちいち写真を撮ったりしていたが、モンゴル生活が長くなるにつれて見慣れてしまい一切心を動かされることはなくなった。モンゴルにはそれほど家畜が多くて、さすが遊牧民の国といった感じがする。家畜の総数は2013年に4500万頭余りもいて、300万人の人口の

10倍以上になるのだ。

ダルハンまでの道のりは、僕にとってはとても長かった。時間にして4時間程度だろうか。僕は、これまでこんなに長く車に乗っていた経験はほとんどなかったはずだ。その後、2016年になってから、交通費を安くしようとたくらんで大阪から東京の夜行バスに乗ったことがあって大変な苦痛を感じたのだが、体感としては当時ダルハンに行くのは、今大阪から夜行バスで東京に行くよりもさらにしんどかった。ダルハンは社会主義時代から重要な都市だったので、2010年当時でも道路はよく整備されていた。それでも、日本の高速道路と同じではなくてところどころ整備の悪い場所があったりする。ウランバートルからの距離は200㎞程度なのだが、これは直線距離であって、実際には倍近くの距離を走る。ダルハンへの道中、ワーキング・グループのメンバーで弁護士のアルタンウルジーさんとずっと車内で話をした。アルタンウルジーさんは社会主義時代にイルクーツク大学の大学院を修了したエリートで、僕よりも5歳くらい年上の男性。恰幅《かっぷく》のいい、こわもてだが笑顔のかわいいおじさんである。アルタンウルジーさんはこれまで弁護士会の調停センターを2年ほど運営していて、調停に関してはモンゴルでは最高レベルの知識と経験を持っているのだが、やはり裁判所での調停システムをどのようにして作っていくべきか、いろいろと悩んでいるようで、僕に対して日本の状況や僕の考えを尋ねてきた。僕は自分なりに考えを述べたのだが、結局のところ、僕の意見というのは、なんでもいいのでパイロット・コートでの調停を早めにはじめる、ということに尽きていた。アルタンウルジーさんはもっと具体的な方針や理論的な話を聞きたかったのだと思うが残念ながらそれに答えられる能力は僕にはなかった。

このダルハン出張で、僕は重大な失敗をしている。モンゴルでは僕は「接待」に専念することを心に決めたことは先に述べたが、その気持ちが招いた失敗だ。朝ウランバートルを出発してダルハンに入ったころには昼時になっていた。僕たちは食堂に入ったのだが、そこでもいろいろと話をした。流れで僕の日本でやっていた仕事の話題になり、うっかり「僕は全然調停のことをわかってないし、弁護士としても全然ダメで地方の町でほそぼそとやっていただけ。日本の法律自体あやふやですから」みたいなことをしゃべってしまった。一瞬アルタンウルジーさんの顔色が変わった。「一切通じていない」と思って僕も困ったことになったと思ったのだが、いまさらどうしようもない。僕としては、謙遜、接待そして冗談も含めて自分を落とすような言い方をしたのだが、これはモンゴル人には通じなかった。まあ、確かにそうだろうと思う。これまでモンゴルに来ていた専門家連中、日本人以外にもドイツ人アメリカ人とたくさんいると思うのだが、彼らがそんな言い方をしているのは見たことも聞いたこともない。知っている顔を思い出しても、彼らがそんな物言いをしているところなど想像もできない。大阪流の「頭を下げた者勝ち」という価値観に戸惑うのは当然。その場は通訳をしてくれていたトゴスさんが適当にフォローしてくれたが、後から「ああいう言い方はやめてください」と注意された。もっともなことだ。すみません。

この最初のダルハン出張では、調停制度についての理解をしてもらうために弁護士らを対象にセミナーを開催した。そのほか、裁判所の見学や弁護士会など関係機関を訪問して協力を依頼した。ダルハンの裁判所は控訴審裁判所も併設されているけっこう大きな裁判所で、この控訴審裁判所の長官アマルサイハンさん（最高裁のアマルサイハンさんは女性だがこちらは男性）と、郡間裁判所（第一審裁判所）の所長オチさん（男性）、そして郡間裁判所の裁判官オユンダリさん（女性）の3人の裁判官と、ダルハン弁護士会会長のエルデネバータルさん（男性）、弁護士のテルビシさん（女性）の2人の弁護士が、ダルハンのワーキング・グループのメンバーである。彼らともたくさん話をしたが、このとき一番印象深かったのは、このことはどこかにも書いたことがあるが、初老の弁護士との会話だ。ダルハン弁護士会の廊下での立ち話だった。

「調停がはじまるので、ご協力ください」という適当な当たり障りのない一言ではじまった会話だったが、意外と奥深い内容なので詳しく書く。

「君は日本人か?」

「はい。先月日本から来ました。JICAの専門家の弁護士です。調停を裁判所ではじめようとするプロジェクトです。調停についてご存じですか?」

「一応知ってるよ。で、モンゴルで調停をやりたいわけ? どんなふうにするの?」

「ええと。それはまだはっきり決まっていないんです。でも、ダルハンの裁判所の中で実験をしてみようということにはなっています。弁護士の皆さんのご協力が必要なので、よろしくお願いします」

「調停を裁判所でやるのか。それは難しいと思う」

「何が難しいんでしょうか。よろしければ教えてもらえませんか?」

「モンゴルでは話し合いで解決するというのは受け入れられないよ。モンゴルで調停は向いていない」

「……」

「モンゴル人の気質にも合っていないと思う」

「…でも、お願いしますよ」

このあたりで、周りにいたアマルサイハンさんやオチさんが、まあまあという感じで僕と弁護士を引き離したわけである。日本でもそうですよね。日本の最高裁に来ている外国人、例えばアメリカの弁護士が地方の裁判所、例えば徳島地裁にアメリカでやっている最新の訴訟運営を導入するための視察に来て、徳島の弁護士から意見を聴きたいというときに、プロジェクトそのものを否定するような発言をされたら周りに控えている裁判官は「まあまあ」って引き離すと思う。後から聞くとこの人は30年以上弁護士をしているそうで、僕の想像だが、ダルハンではみんなが知っている変わり者という位置づけの人だ。だからアマルサイハンさんの対応も間違っていない。

でも、僕は、このとき、この初老の弁護士のことをとても好ましく思った。モンゴルで一番うれしかった瞬間の一つだ。予定調和で埋め尽くされた状況の中、全員が調停を導入したいという気持ちで、気持ちはなくてもそういう建前で動いている中で、あえて反対意見を述べる。これこそ弁護士の鑑《かがみ》ではないか。そしてなんて面白い人だ。本心からそう思った。この人と会って、僕は息を吹き返したというか、言いにくいことでも自分の意見をきちんと言える、こういう気概を持っている人がモンゴルのこんな田舎（第2の都市なのだが）にいることをすばらしいと思った。やっぱりなんだかんだいっても弁護士。みんなが早く切り上げて別のところに行きたがっているのも知っていたが、ぼくは立ち去ろうとする彼を追いかけて、彼の仕事のこととか、車の話とか、最近もうかっているかとかいろいろと話をした。こういった話題になると彼も笑って話をしてくれて、最後に握手をして別れた。その後も何度かこの弁護士には会ったのだが、郊外のセミナーでは、会場の外でつかまえた蛇をわざわざ僕に見せにくるなど、やっぱり変な人だ。でも、僕は今でも彼のことをモンゴルで一番尊敬できる弁護士の一人だと思っているし、彼のような気持ちを忘れずにいたい。

調停業務フローの作成

ワーキング・グループの会議も回を重ねていくうちに、どのようにしてパイロット・コートで調停を実施していくべきか、だんだん構想が固まってきつつあった。まず、裁判所の中に調停部を置くこと、そして、調停手続を行う際には裁判所の情報部（日本の裁判所でいうところの訟廷、もっと大ざっぱにいえば受付）で受付担当職員が調停事件として受け付けを行うこと、当事者の合意があれば訴訟事件から調停への回付も行えるようにすること、調停人は研修を実施してその合格者から選任することといった内容である。そういった基本的な骨になる部分についてワーキング・グループで合意した後、項目ごとに担当者を決めて、調停の業務フローを作成することとした。そして業務フローの作成と並行して、現行の民事訴訟法のどの条文を利用してパイロット・コートで調停を行うのかという研究も行われた。僕のほうでも、そのころには民事訴訟法の必要部分の日本語訳もできあがっていて、いろいろと意見を述べたりした。また、パイロット・コートの一つ、バヤンズルフ裁判所の受付に数日間つきっきりで張り付いて受付職員の業務量の調査なども行った。

さて、調停はつまるところ話し合いなのだから、調停の導入というのは、和解の促進と同じ趣旨、同じ方向性の話だといえる。和解が容易にできる社会であれば、調停の導入もスムーズに行くはずだ。しかし、２０１０年当時のモンゴルの裁判所では訴訟上の和解をすることを必ずしもよしとしていないフシがあった。裁判官は積極的に和解を勧めない。

むしろ和解は邪道という前世紀までの日本の裁判所と似たような状況だったのである。ダルハンで指摘されたような「和解はモンゴルでは向かない」、「和解はよくない」という考えが裁判所や弁護士にあれば、調停の導入などおぼつかない。そこで裁判官の意識を変化させる必要があると考えた。ただ、僕がいくら調停はいいよ、調停するぞ、調停するぞ…と唱えても、裁判官が言うことを聞いてくれないことは明らかである。現場の裁判官からすれば、僕は、腰掛けの外国人であり、調停法の制定や調停制度の全国導入など当時は考えも及ばないことだった。多分、その場限りで調停を行って、JICAの数年間の支援が終わったら慣れ親しんだこれまでの裁判手続を行い続けたらいいや、といった考えの人も多かったのではなかろうか。だからちゃんとした権威によって「和解はいいことだ」、「和解することで成績は下がらない」といったことを伝えてもらう必要があった。僕は最高裁民事部長のアマルサイハンさんに頼んで、通達を出してもらうことにした。簡単にいえば、「和解を促進することは裁判所にとっても訴訟当事者にとってもよいことである。だから裁判官は積極的に和解しろ」という内容である。裁判官は日本でもモンゴルでも官僚だ。僕ら弁護士とは違う。要するに上の命令にきちんと従う訓練がされている。この通達の効果は、非常に大きかった。少なくとも、僕は、この通達によってモンゴルの裁判官の意識が変わっていくのを感じた。この一通の通達によって、裁判官の和解に対する拒否反応はかなり薄れていった。まず雰囲気を変えるというもくろみは当たっていっていた。

このころ僕が調停を実際に利用してもらうために一番重要だと思っていたのは、執行力と時効中断効についてである。

執行力とは裁判の判決を強制執行する効力のことだ。簡単にいえば、日本の場合、調停で合意した内容は調書になって、それには裁判の判決と同じ効力が認められる。つまり、調停調書にも執行力が認められていて、調停で合意した内容を強制執行という形で強制的に国家が実現できる。この執行力をモンゴルの調停での合意についても認めるのか否か、認めるとしてどのようなロジックで現行の民事訴訟法を適用して執行力を認めるのかという問題である。

時効中断効というのは消滅時効の進行がそこで途切れる効力のことである。つまり、金の貸し借りなどの場合でいえば、金を返せという権利（債権）は、放置したまま長い年月がたつと権利が消滅して裁判で回収ができなくなる。これを消滅時効というが、日本ではふつうの債権は10年で消滅時効にかかって消滅する。モンゴルでも同じく消滅時効は10年

（契約上の義務は3年）となっている。この消滅時効を中断する効力が時効中断効だ。日本の場合、裁判だけでなく調停事件を申し立てた場合でも、調停が成立すれば時効中断効は生じる。つまり、金を貸していて9年11か月目に裁判や調停を行えば、調停中に10年目が過ぎた後もその債権は消えずに請求できることとなる。

執行力と時効中断効、それぞれ日本の裁判所調停では認められているのだが、日本では裁判所以外のＡＤＲというものがある。例えば、弁護士会で行っている調停のことだ。これらの民間ＡＤＲ機関では、法務省の適合性審査を経て認証を受ければ時効中断効が認められているが、そこで行った合意について執行力は認められていない。裁判所以外の調停を利用した場合には、その合意を相手方が履行しない場合でも強制執行できないわけで、このことが日本で民間ＡＤＲが発達しない理由だともいわれている。

こういった日本の事情を踏まえると、モンゴルの裁判所調停には、絶対に執行力と時効中断効を認める必要がある、それが調停を利用してもらう肝になると僕は考えた。しかし、モンゴルには調停というシステムは存在しないのだから、直接、調停での合意に執行力や時効中断効を与える規定は探してもないのが当然。既存の法律からこれらの効力を解釈によって導き出すという無理をする必要がある。それに頭を悩ませていた。

いろいろな人から話を聞いて、これはいけると思ったのは、モンゴルの民事訴訟法にある簡易手続という規定である。当事者が訴訟上の和解をした場合、裁判官がそれを確認して命令を出すという規定で、その命令には判決と同じ効力が認められていた。調停での合意は民法上の和解契約であるが、ここで作成した和解契約書に対して、裁判官が確認命令を出すことを認めることによって、執行力の付与ができないだろうか。相談すると、みんな「なんとかなる」という。これで執行力の問題はとりあえずめどがついた。次は時効中断効だが、僕は時効中断効を認めるロジックを思いつくことができなかった。しかし、これについてもワーキング・グループで話し合っているうちに、オチさんが「民法に、『裁判所が正当と見なした場合には時効中断できる』とあるので、調停申立てを正当理由とみなそう」との考えを思いついてくれた。これもいけるということになり、結局、現行の民法および民事訴訟法の解釈によって、パイロット・コートでの調停に、執行力と時効中断効を認めることができたのである。最高裁から通達を出してもらい、パイロット・コートの調停限りで、これらの法解釈に基づく執行力と時効中断効が認められることとなった。

２０１０年の秋には業務フローについてもある程度完成して、僕としてはなかなかの滑り出しだと思っていた。といっても、赴任してからの半年ばかりの間、もちろん調停の業務フローについて考えるといったことはしていたが、僕は、人と会う以外の仕事はほとんどしていない。赴任してとりあえず半年くらいは、黙って様子を見てやろうという不遜な考えを持っていたからだ。

多分、多くのＪＩＣＡ専門家、少なくとも法整備支援の専門家は、僕が「はじめの半年は休む」と宣言していたとしたら、「そんなことするな」と否定してかかってきたに違いない。彼らの多くは、ああしてやろうこうしてやろうという気持ちで、はやる馬のように現地に赴任しているだろうし、そうやってみんな仕事を続けてきた。これには理由もあって、法整備支援をする弁護士はそもそも法整備支援に昔から関心を持っていて、外国で自分の力量を振るいたいという気持ちが強い人が多い。最近では、ロースクールの学生のときから法整備支援に関心を持つ人もいる。ＪＩＣＡで法整備支援の研修会を開催すると多くの応募がある。僕の前任者も、そのまた前任者も、以前から専門家になりたくて、努力して専門家になった、そういう人たちだ。だから気持ちはどうしても焦る。僕はそうではなかった。ＪＩＣＡ専門家に応募したのも適当な気まぐれで、モンゴルという国にも当時は全然思い入れなどなかったから、あれをしようこれをしようという気持ちなど全くない。とあるベトナムで法整備支援に携わった弁護士の本を読むと、「週に2日しか来てもらっては困る」とベトナム司法省から拒絶されて憤慨したという記述があるのだが、僕はこの本を読んで「こういう状況になったらラッキー。週休5日を楽しもう」、「むしろ毎日引きこもって2年半やり過ごしてやろう」とすら真剣に思っていた。残念ながらそういう事態にはならなかったのだが、僕としては、前にも述べたとおり何もしなくても一応プロジェクトは成功したという結果になるということは、JICAプロジェクトの構造上わかっていた。そして、いかに法整備支援の世界での僕の評価が悪くなろうとも、僕には今後継続してJICAや国際機関で働こうという気持ちは微塵もなかった。だから、気持ちに気負いじみたものは全くなかった。結果として僕は人並み以上に働いた自負はあるのだが、これは後からついてきたことにすぎない。

だから、赴任してから半年ほど、僕は全く主体的には動いていない。一応、モンゴル側を動かす手はずは整えた。ワーキング・グループ会議を1か月に1回程度は開催して、その都度、業務フローの作成を中心にパイロット・コートを動かすための下準備を行う。これだけやっていれば、ある程度は話が自動的に進んでいく。ただ、これだけが仕事だとたいした労力ではないので時間が余る。だから、僕は、暇つぶしも兼ねて人と会うことにした。第1回のワーキング・グループ会議で全員と会うことを宣言しているのはそういうわけだ。ちょうどJICA本部からも週間報告書を提出しろと言われていたところだったので、人と会っていればなんとか仕事をしているようにごまかして報告書に書くこともできるというメリットもあった。

もっと深刻ぶったいい方をすれば、直感的にだが、僕はモンゴルでうまく仕事を進めるためには人との関係がとても重要であると気がついていたのかもしれない。この仕事はどんなに賢げな意見を言っても、結局、誰かがそれに本気で反対する気になればなんでも反対できる。法律や法制度というのはそういうものだ。絶対的な自然法則ではないからなんとでも言える、というかなんとでも言って新しい理屈を作るのが法律家の本筋の仕事だとすら思う。ならば、なにか新しいことをしようとするとき、権力のない僕がロジックで対抗するには限界がある。ロジックはそれ自体で交渉の材料としての価値はあるが、それはあくまで交渉のカードの一つだ。最終的に交渉を自分の思うとおりに進めるためには、今、誰も知り合いがいない僕にとっては、人間関係を作ることが一番重要だと考えた。権力のある人、決定権のある人たちと仲良くなっていれば、多分意地悪な反対意見などは出なくなる。そう考えて、僕は、秋までは本当に仕事をしなかった。ただただ人に会って、愛想笑いして、一緒にお茶を飲んで、休暇（2010年の夏には日本で結婚式を挙げた）

で日本に戻ったときに買ってきたお土産をばらまいて、そうしているうちにモンゴルでの半年は過ぎた。

半年間何もしない作戦には、別のメリットもあった。まず、モンゴル側が「自分たちが調停を導入させる」ことを自然と理解してくれた。僕は、ワーキング・グループ会議の議題を作る仕事を、はじめはなんとなくではあるが、初回から請け負っていた。会議の司会をするのは最高裁判事などその場で一番偉い人に任せるが、僕がその横について、議事をコーディネートするという役目が徐々に確立されてきた。こういった役割分担は特に狙ったわけではなかったが、結局僕が会議の内容の大枠を決めることができたし、モンゴル側に次回の会議までにやるべき仕事の内容を具体的に実現してもらうことができるようになった。そして、最も重要なことは、その進捗《しんちょく》のペース配分はすべて会議の内容を実質的に決めている僕がコントロールできることだった。司会を偉い人にしてもらうというのも、実際は僕が会議を仕切っていることをある種カムフラージュする効果があった。さらに、次回までの進捗を命じるのは、その場の議長、偉い人なので、メンバーはこれに従わざるを得ないという意味で半ば仕事を強制する効果があった。がんばっている専門家には申し訳ないが、積極的にあれをしろこれをしろと専門家自身が指導することは、多分モンゴルの裁判所では逆効果だ。他人に、特に自分より格下の人間にあれこれ指示されてうれしい人はいない。そして法律家というのは、日本でもモンゴルでもとりわけプライドの高い人たちである。彼らをコントロールできるのは、絶対的な権力か、損得勘定か、愛情や共感、仲間意識だけだ。当時の僕には権力や利益でのコントロールは不可能だった。だから、権力を持つ人を通じて間接的にモンゴル側をコントロールする方法をとった。そして、それと並行して責任ある役割を利益と考えての利益配分や仲間意識といった感情をできるだけ培うことを心がけた。これらは意識的だったものもあるし無意識的だったものもあるが、とにかく、言葉にするとそういうことだ。そしてこれは別の視点でみると、多分、「モンゴル側が自分たちで調停制度を作る」ということでもあったのだ。

調停人養成研修

さて、2010年の秋が過ぎたころには、なんとなくだが、パイロット・コートでの調停について大筋は見えてきた。ただ、未解決の問題が2つほど残っていた。カネと調停人の問題である。

カネの問題というのは、調停にかかる経費をどうするかということだ。調停をするには当然経費がかかる。中心は人件費で、調停を主催する調停人に支払う給料をどうするかという問題だ。当初、モンゴル側はこのことをそれほど重視していなかった。ＪＩＣＡのプロジェクトとして実験するパイロット・コートなのだから、調停人の給料はＪＩＣＡから支払われるものだと単純に理解していた。ただ、ＪＩＣＡ独自のルールというのがありモンゴル側の思惑どおりにはいかなかった。他の本でも論じられているが、ＪＩＣＡでは継続性というのを非常に重視する。ＪＩＣＡが支援の相手方（カウンターパート）である裁判所に給料を支払ってしまうと、ＪＩＣＡプロジェクトが終了した後には、給料の支払いができなくなってしまい、結果としてせっかく作ったプロジェクトは無に帰することとなる。それを避けるために、カウンターパートには給料をはじめとする継続的な費用を支出できないのだ。調停プロジェクトの場合、パイロット・コートは一過性のシステムであり実験にすぎないのだから給料を支払ってもいいのではないかとも思われるが、そういった例外を許してしまうとなしくずしになることがわかっているのか、調停人の給料をＪＩＣＡから支給することについては絶対的に拒否されていた。ではどうすればよいのか。ワーキング・グループでもこれといった解決策はなかったのだが、結局、利用者から料金を徴収するしか選択肢はないようであった。しかし、これは、じり貧というか、これでは持たないことはワーキング・グループの全員がわかっていたことでもあった。裁判をする際にも国は手数料を取っているので、調停で手数料を取ることにもさほど問題はないようにも思われるかもしれない。しかし、裁判手数料の収入だけで国の裁判制度が回っているわけではない。通常、世界中どの国でも裁判手数料以上の経費を国は裁判所に支出している。調停も同様であって、調停手数料以上の経費がどうしてもかかる。モンゴルの2015年の実績では年間1万5000件以上の調停事件の申立てがなされているが、それでも調停手数料による収入は日本円で300万円程度にすぎない。パイロット・コートの初期段階では月の申立てが数件ということも予想される。調停手数料で経費をまかなうことはどうしても成り立たないことはわかりきっていた。

しかし、成り立たないことがわかっていても、ここまで来たら破綻覚悟でもやるしかない。しかし、最低限のセーフティーネットは整えておこう。そう考えて、皆と相談のうえ、初期費用として裁判所と弁護士会からそれぞれ100万MNT（現在の価値で約6万円。当時は約8万円）を寄付してもらうことにした。なんとも無理なお願いであることはわかっていた。ＯＤＡで支援に来た機関が相手方から寄付をしてもらうなどわけのわからない話なのだが、そこは半年間の何もしない作戦で培った人間関係のおかげだったのだろうか、最高裁も弁護士会もこの無理を聞いてくれることになった。これで２００万ＭＮＴは確保した。だが、モンゴル側にこれだけ出費させておいてＪＩＣＡが一切何もしないというのも立場上おかしい。ＪＩＣＡモンゴル事務所に嘆願して、一時的な初期費用ということで、ＪＩＣＡからも１００万ＭＮＴを寄付してもらうことに成功した。寄付といっても、これはプロジェクトにはじめから付いている予算から支払うのである。合計３００万ＭＮＴということで、これで調停人の報酬を低く抑えることができれば、なんとか1年くらいは持つのではないか、破綻したらそのときにまた考えよう。そういう気持ちでカネの問題は一応棚上げすることになった。

調停人の問題というのもカネの問題ほどではないが深刻だった。調停人養成のための研修をどうするかということだ。

パイロット・コートでの調停は、調停を調停人１人で行わせることが初期のころから皆の一致した意見だった。これには僕も異論はなかった。調停人が何人養成できるかわからない段階で、調停委員会という日本のような多数の調停人を必要とするシステムが維持できるかどうかわからない。少ない人数でも回せるシステムを作る必要があった。調停人は当事者の合意内容を和解契約書という契約書形式でまとめ上げるので一定の法律知識が必要となるが、これについても当初は調停人には弁護士を当て込んでいたのでそれほど問題があるようには思えなかった。調停人の養成は、弁護士をターゲットにした養成研修を実施することで落ち着いた。

問題は、研修の内容である。日本を参考にしたいのだが日本には調停人資格というものはない。日本の裁判所の調停委員は裁判所が民間の人から選考を経て採用している。民間ADR機関でも、例えば弁護士会の調停では当該弁護士会所属の弁護士などが調停人をしている。日本では調停人養成の研修というものがほとんどないことから、研修プログラムの作成は独自に試行錯誤で行うしかないと思っていた。しかし、調べていくうちに、日本商事仲裁協会が「調停人養成教材」という教材を作成していることを知り、この調停人養成教材を参考に調停人養成研修のプログラムを作成することとした。

これは、モンゴルのみんなにもはっきり言っていないのだが、僕は、モンゴルの調停人養成研修では、調停の運営能力とか法律知識とかいう以前に、いかに多数の調停人を養成するかという点にポイントを絞っていた。なぜかというと、一定数の調停人をとりあえず作り上げなければ、パイロット・コートの運営が破綻することが目に見えていたからである。パイロット・コートで勤務する調停人は複数必要であった。パイロット・コートの調停人に十分な給料を払うことは前にも述べた金銭的事情からできない相談である。だから、調停人の仕事というのは、半ばボランティアという感じになる。1人の調停人に1日まるまるとか、何日も連続での勤務をお願いすることはできない。シフトを組むにあたって、毎日調停を行うのであれば少なくとも1つの裁判所で10人以上、できれば20人とか30人とかの調停人が欲しい。まずは質より量。最終的には、調停人養成研修はプロジェクト終了までの間に地方都市で実施したものも含めると19回も行った。2045日を19回で割ると、約100日に1回、3か月に1回養成研修をしていた計算になる。養成した調停人は700人を超えている。現状では、裁判所の調停人は常勤の公務員となって安定した収入を得ており、このような人数は過剰といえば過剰なのであるが、このような養成方針となったのは、初期のころの旧日本軍の幹部候補生制度のような速成の養成制度の名残という一面もあるのだ。

調停人養成研修のプログラムは、先に述べた日本商事仲裁協会のテキストなどを参考にしながら試行錯誤を重ねて練り上げていったのだが、2015年10月に行ったプロジェクト最後の調停人養成研修のプログラムは、3日間という、本格的な調停人の養成としては比較的短期間の研修となっている。これに対して、当初の2010年10月の段階では5日間という非常に重たい内容の研修を行っていた。今振り返ると「日本の調停」、「弁護士会調停センターの取り組み」といった、現在のモンゴルの調停人には直接必要のない講義も多い。調停のロールプレイにも丸1日取っているし、調停の各段階、場面ごとに1コマ以上の時間をかけて丁寧に教授している。これはこれで手厚くてよいのだが、受講生の負担と、効率を考えて、その後の研修では不要と思われる講義を省略し、同じような内容をまとめるなどの工夫を行い、さらに実際に直面している問題点の講義を増やすなど改善している。例えば、2016年の講義内容としては、ロールプレイは2時間程度に抑えて簡略化する代わりに、「コミュニケーション」についての心理学の専門家による講義や、家族問題に関する大学研究者の講義が導入されており、これらは成立率が低めの家事事件の調停をてこ入れするための工夫である。研修にはテキストも必要で、現在は複数のテキストがあるのだが、このときにはまだ裁判所調停のテキストも完成しておらず、前プロジェクトで弁護士会の調停センター向けに作成したハンドブックを利用していた。視覚教材もこのときにはまだ何もなかった。そもそも、調停業務フローそのものがまだ最終確定していない状況であり、受講生の質問に対しても正確に回答できないことが多数あった。このように、最初の調停人養成研修はまったくの手探り、つぎはぎの研修だった。このような綱渡りのような研修だったが、受講したいという人は思った以上に多く、90人を超える弁護士が受講してくれ、なんとかパイロット・コートで調停を開始する土台ができてきた。

ところで、モンゴルでは研修を終了した際に修了証書を渡すのが主催者の当然の義務といえる。研修プログラムに参加する人は修了証書をもらうことを期待して参加しているといってもよい。モンゴルと聞くと、遊牧民のぎすぎすしないおだやかな社会というイメージを持つ人が多いが、実際は厳しい学歴社会。例えば、大学卒業は知的職業に就くための最低限の基礎資格になっている。外国留学や博士号取得は大変尊敬される。このことと関係していると思うのだが、モンゴルでは修了証書は自分の能力を示すとても重要なアイテムになっている。もちろん履歴書などにも修了証書をもらったことを記載する。僕はつき合いのあったモンゴル人たちの日々の発言の端々などから、こうした事情に研修開始前から気づいていたから、当然、研修終了者に修了証書を与えることにしたのだが、さらにこれをちょっと面白くしようと考えた。日本的な要素を入れてみようと思い、修了証書に日本の表彰状によく使われている金の鳳凰柄の縁飾りなどを入れてみることにした。

日本風のデザインをとり入れた調停人養成研修の初期の修了証書（2010年）

これは作ってみると意外とキリル文字との相性もよく、なかなか立派なものに仕上がった。さらに悪のりした僕は、修了証書を入れる特製フォルダーまで作成することにして、これは濃紺地に金箔《きんぱく》押しで裁判所、国立法律研究所、最高裁、ＪＩＣＡのそれぞれのロゴを入れた立派なものになった。内緒だがカネもけっこうかかった。多分こうしたカネのかけ方はふつうのＪＩＣＡ専門家は絶対にしない行動であるが、小道具もけっこう人を喜ばせる役に立つものだ。日本食のように中身だけでなく器も大事といったところだろうか。

調停とバッジ

先ほどの、修了証書や学歴とも関連することだが、僕は、モンゴルでは、バッジというのはこれらと同様とても重要なアイテムだと思っていた。バッジといっても、そこらへんのお土産物屋で売っているような缶バッジとかそういうものではなく、職業を示す徽章《きしょう》のことだ。日本で権威のあるバッジといえば、衆議院議員バッジなどの議員バッジや弁護士バッジなどの士業のバッジがまず思い浮かぶだろう。社会主義国全体の傾向なのだが、モンゴルでもこういった公的または準公的な所属を示すバッジや、国や機関から与えられる勲章・メダルの種類がとても多い。ある調査によれば、モンゴルは世界で人口比ではいちばん勲章・メダルの授与数が多い国だそうだ。これは後のことになるが、2015年末までに僕はモンゴルで最高裁をはじめさまざまな機関からメダルを8個ももらった。僕ですらこれだけもらえるわけだから、いかに勲章・メダルといったものをモンゴル人が好むかおわかりになるだろう。要するに、モンゴルでは、バッジや勲章は、人の評価を高める効果的な道具なのだ。比較的高齢の人が多いが、背広やデール（モンゴルの伝統衣装）に勲章を多数つけている姿は町中でよく見かける。学生のときは優等生バッジ、卒業したら卒業バッジ、徴兵されたら各種記章、就職した職場では職員バッジ、仕事をがんばったら優秀職員バッジ、独立して自営業をはじめたら業界団体のメダル、さらにレベルアップした人には国や省庁が発行するメダルや勲章…と、モンゴルでは人生の各場面にバッジがついてまわる。

バッジ好きのお国柄については僕は大分前から知っていたので、調停人にも「調停人バッジ」を配布しようとをたくらんだ。格好いいバッジを作って「調停人になりたい」と思ってもらいたかった。「バッジが欲しい」という気持ちで調停人養成研修を受けてもらっても、それはそれでいいと思っていた。そこで調停人バッジを作ることにしたのだが、まず問題になったのがＪＩＣＡモンゴル事務所への言い訳である。意味不明のことに金を使うわけにはいかないから当然なのだが、僕のこの気持ちをわかってもらうまでにはけっこう時間がかかった。「バッジなんかなくても調停はできるでしょう」。こう言われると「おっしゃるとおりです」としか言いようがないのだ。でも、僕の気持ちは違っていた。「なくてもできるならやらなくていい」というロジックは明らかにおかしい。少なくともＪＩＣＡが言ってはいけない。ＪＩＣＡの活動、もっと矮小《わいしょう》化すればこのプロジェクト自体が、よく考えたら、いや、よく考えなくても、なくてもいいことである。やらなくてよければやらないのではなくて、やったらちょっとでも効果があることならやるべきでしょうというのが僕の気持ちだった。こういう、多分ＪＩＣＡの担当者にはとても面倒な議論をふっかけているうちに、とうとう根負けしたのか担当者もバッジを作る許可をくれた。ＪＩＣＡ担当者の気持ちを変えたのは、日本の調停委員もバッジをしているというロジックだったように思う。日本の裁判所の調停委員には調停委員バッジというものがあり、僕も1つモンゴルに持参していた。そういえば、日本で弁護士をしているときに、調停委員のバッジを見た依頼者から「調停委員は弁護士さんですか？」と尋ねられることがあるが、弁護士のバッジと似ていないこともない。しかし、よく見れば、調停委員のバッジは十六弁の矢車菊の中心に「調」の文字が入っており、ひまわりの中心に天秤《てんびん》が入る弁護士バッジとの違いは明らかだ。もっとも、弁護士が調停委員として勤務している際には、調停委員バッジではなく弁護士バッジをつけていることも多いようだ。矢車菊の花言葉は「幸福、繊細」であり、多くの小花が集まるその形状から「協調」の意味が込められていると聞いている。ともかく、このように「日本にあるからモンゴルでも導入する」とか「日本のやり方がこうだからモンゴルでもこうしたい」というロジックは、あまりにも幼稚でくだらない。だから、僕はこういう主張をすることを極力避けていたのだが、このときはどうしてもバッジを作りたかったので主張してみた。そうすると、意外とすんなり許可が出たのである。

実際にバッジを作るとなると、まずデザインを考える必要がある。「調停」のイメージを象徴している格好いいデザインにしたい。バッジを作るという話をワーキング・グループでしたら、他の議題には消極的なメンバーもこぞってこのデザインがいい、こういうバッジにしたいといった意見を述べてくれた。モンゴル人のバッジ好き精神をここに見た気がした。デザインについては、最終的にはワーキング・グループで出た意見を参考にして複数のイメージ図をデザイナーに描いてもらうことにした。デザインは修正を重ねて5本の矢を手が握っているデザインに決定した。これは『元朝秘史』にある伝説、『アランゴア夫人の教訓』によっている。チンギスハーンの祖先ドブメルゲンの妻にアランゴア夫人という人がいた。彼女は争い合う5人の息子に1本ずつ矢を与えて折らせた。すると、5人とも簡単に折った。次に5本の矢を束ねて折らせると誰も折ることができなかった。アランゴア夫人は「あなた方は仲良くすれば束ねた矢のように強くなれる。だから、これからはこの5本の矢のように結束しなさい」と息子たちを戒めた。人の和についての教訓としてモンゴルではよく知られた話であり、モンゴルの人は5本の矢といえばこの話を連想する。司馬遼太郎も『モンゴル紀行』（『街道を行く』第5巻）の中でこの伝説について解説しているのでこの話をご存じの日本の方も多いだろう。バッジの周囲はモンゴルで純潔の象徴である蓮《はす》の葉で囲まれている。

アルタンウルジーさんが「バッジは純銀にしたい。使い込むと銀さびが出て格好がいい」と言っていたので、その意見も採用して銀で作ることにする。

バトフーさんというおじいさんが経営する会社にバッジの制作をお願いすることとした。このバトフーさんは、勲章、バッジの制作にかけては第一人者であり、おそらくモンゴルで一番腕がよい職人の一人だ。バトフーさんは、学校を出てすぐに勲章制作に携わり、これまでさまざまな勲章、バッジを手掛けてきた。例えば「モンゴル人民共和国名誉市民メダル」という、勲章好きで知られた旧ソ連のブレジネフ書記長に贈呈するためモンゴル政府がただ2つだけ作ったといわれる勲章がある。この勲章を制作したのもバトフーさんだ。作業場で、贈呈式の前日までブレジネフの体格に合わせて勲章の細部を微調整していたという話を僕に聞かせてくれた。調停人バッジの最初の試作品が届けられたとき、僕としてはすごくうれしかったのだが、スタッフが「ボタンみたいですね」と正直な意見を言ってくれてじっと見直すと確かにボタンみたい。ちょっとなあと思ってどうすればい

完成したモンゴルの調停人バッジ（本質とはあまり関係ないように見える小道具だけど、ここに至るまでにはけっこう苦労しているのだ（2011年））

いかバトフーさんに聞くと、資金をけちって地金（純銀板をプレスして制作している）を薄くしたのでこんな感じになっているとのこと。地金が薄く立体感が出なかったのだ。バッジの目的は格好いいものを作ることなので、ここはがんばって追加料金を払って厚みを増すことにした。

このバッジは、JICAで制作した初期ロットがなくなった後は、裁判所評議会（日本でいうところの最高裁事務総局。裁判所行政を担当する独立行政委員会）によって増産されていて、今では700人を超える調停人名簿に掲載された調停人全員にこのバッジが配られている。また、バッジのデザインもなかなか評判がよく、現在では調停人養成研修の修了証書などモンゴルの調停関係のさまざまな場所に使われるようになっている。

本邦研修

プロジェクト開始から8か月ほどたった2011年1月、調停業務フローの作成や調停人養成研修の実施といった仕事にもある程度めどがついたというか、リズムができていた。パンフレットやDVD、調停人バッジといった小道具もそろってきた。そんな中、モンゴルの調停関係者に対する日本での研修（JICAでは、個人的にはやや大仰ないい方だと思うが「本邦研修」と呼んでいる）の時期が迫ってきた。この本邦研修に参加することは、モンゴル側関係者にとっては非常に名誉なことであると同時に、ある種のご褒美的な要素もある。すべての研修費用はJICA持ちであり、日当まで出る。至れり尽くせりで日本での2週間程度の研修に行けるのだからみんなが行きたがる。プロジェクトでは、裁判所の調停室整備のためにパソコンやデスクなどの機材を供与したことはあるが、それ以外はモンゴル側に対して金銭や物品の贈与というのはほとんど行っていない。この本邦研修は、モンゴル側関係者がJICAの法整備支援を受け入れることによって得られるほとんど唯一の、しかも「個人的な」、メリットということになる。だから、本邦研修に参加したくてさまざまな手段を講じる人がいる。本邦研修はこの2011年1月以外にも、2012年1月、2014年1月、2015年1月、2015年10月と合計5回実施したのだが、その都度、参加者を決める段階からいろいろと興味深い事件が起こった。

本邦研修の日程は5か月くらい前から準備をはじめ2か月前くらいには具体的な内容が固まってくる。講師をお願いする先生方のレジュメも1か月ほど前までには届いて翻訳作業に入る。2週間の研修なので講義のコマ数もそれなりに多い。1日2つの講義をするとしても、10日間で20講義ということになる。実際は、裁判所などの施設見学や表敬訪問といった行事も入るのでこれよりも少なくなるものの、基本的に朝から夜まで研修は行われる。このように、僕らのプロジェクトの本邦研修は本当に余裕がなかった。完全に1日空く日というのは基本的に土日しかないので、日中の日本観光はこれを利用するしかない。それ以外の平日は、夕方ホテルに戻ってから東京なら新宿や渋谷に買い物に行く程度ということになる。僕も毎回研修参加者に付き添っていたのだが、平日は昼間研修を受けて夕方から深夜まで買い物をし、休日は朝から夜遅くまで観光と買い物という生活を連日続けると1週間目くらいから疲れがたまって朝すっきりと起きられなくなってくる。2週間目はなんとかごまかしながら最終日まで走り抜けるという感じだったが、参加者には僕よりも年長の女性も多い中、みなさんかなりのパワーで日本を楽しんでいた。

さて、そういう厳しい研修なのだが、この研修に参加する人選が大変なのだ。モンゴル側関係者は、ほとんど全員がこの研修に参加したいと考えている。でも研修参加者は限られており、2011年の第1回の本邦研修では12人が参加できただけだった。その後、参加人数を増やしていき2015年10月の最後の本邦研修では23人が参加しているが、それでもプロジェクト後半は全国的なプロジェクトとなって関係者の数が増えているのであるから競争率はむしろ高まっているといえるだろう。

法整備支援の対象国によって状況は違うようだが、僕は、この本邦研修参加者を決定する権限だけは絶対に手放さなかった。実際のところは僕にそのような権限があるのかどうかもいまいち確信はないのであるが、少なくとも僕が協力しなければモンゴル側もいろいろと困ることは間違いないのだから、権限があると開き直って、最終的な本邦研修参加者の決定は僕がすることにしていた。本邦研修参加者の決定権を握ったのは、僕が自然とそういうふうに振る舞っていたというのもあるし、モンゴル側がそういうものだとあっさり受け入れたというのもある。本邦研修参加者の決定権は、実はとても重要な権限だった。僕はこれを力の源泉として裁判所をはじめとする関係機関にいろいろな要求を通したり、交渉材料にしたり、恩を売ったりした。

本邦研修参加者を選ぶ際、まず、優先的に決めるのは、偉い人、取り込みたい人のための「接待枠」だ。これまで疎遠だった人でも実際に2週間も一緒に外国に行くと仲良くなれる。本邦研修は接待には本当に有効だ。次の優先順位が、本当に研修を受講してほしい人。ガチで本来の目的の研修を受けてもらいたい「ガチ枠」。例えば次回の調停人養成研修で講義を依頼したい弁護士に日本の実情を学んでもらう。理屈ではこの枠が優先順位の最初に来るべきだと思う人も多いだろうが、残念ながら僕の考えは違った。研修目的の重要性というのは接待の重要性に劣る。僕の考えでは、まずは権力者を味方にすることが一番重要なのである。それがなければ、どんなに良い理想も実現できない。異論もあると思うがモンゴルでの僕の確信でもある。でも実際に参加者を決める段になってみれば、この問題はさほど深刻なものでもなかった。接待すべき人というのはそれほど多くない。せいぜい5人かそこらなので、20人の枠があれば残り15人の枠にガチ目的の人はほぼ確実に入ることになる。3番目の優先順位は「ご褒美枠」である。例えば、2014年はじめから全国で調停人が勤務しはじめたが、その後の本邦研修では、調停人の中から全国的に偏りのないように選抜して日本に行かせている。これは、がんばってプロジェクトに協力してくれたお礼であるとともに、「プロジェクトに協力すればこういうプレゼントがある」と知らしめてみんなが調停に積極的に協力する方向に持っていくという意味がある。だから、このプレゼントはある程度公平に満遍なくばらまく必要がある。本邦研修参加者枠の中で公平な選抜が求められるのは、主にこの層の人たちであり、ここだけ公平にしておけばほかを恣《し》意的に選んでも言い訳が立つ。逆に、このレベルまで不公平にしてしまうと、ご褒美としての意味、要するにモチベーションを逆に失わせてしまうのでよろしくない。

そして、最後が、有力者からの「押し込み枠」である。これは、いろいろ調整しても、どうしても有力者それぞれの思惑が絡んで調整できない場合が生じる。裁判所評議会としてはこの人を絶対に入れたいが強い理由がないとか、そういう場合に使う予備枠だ。これは、参加者全体の10パーセント、20人なら2人程度をあらかじめ心づもりしていた。もっとも、事前に僕は有力者と根回ししたうえで本邦研修参加者の名簿案を作成していたので、事前の根回し段階で相当程度は彼らの意見も通っている。ただ、それでも参加者が決定したといううわさが流れはじめると、新たにどうしてもこの人を参加させたいという話にもなってくる。そのときのために「押し込み枠」を使う。これも、見方を変えれば有力者に対しての「接待」の一種だともいえるだろう。なお、いくら「押し込み枠」といっても、最終的には誰を参加させるか白日の下にさらす以上、あまりにむちゃくちゃな人を参加させるわけにはいかず、結局、一定の合理的理由がある人が参加していたことは付言しておきたい。

本邦研修の人選について、国によってはその国の法務省が最終的に決めるとかいろいろとお国柄があると聞いている。でもこの権限はできれば専門家が最終的には握っておくほうがよい。「接待」に使うという方法は、専門家に権限がないのであれば完全に意味を失う。また、専門家に権限があるからこそ、参加させる代わりに「次回の研修の講師をする」といった協力への言質《げんち》を取れる。

本邦研修は、その準備（宿泊先の確保、教室の準備や、訪問先への名簿提出など）が非常に複雑で、また、ビザの発行手続もあることから、日本側としては遅くても2か月前くらいにはメンバーを確定させたいという希望があった。しかし、2か月前にメンバーを確定することはモンゴルではとても困難だ。最終的な参加者の決定は早くても1か月前くらいにもつれ込む。なぜなら、あまり早くメンバーを確定してしまうと有力者の反対意見が出る、数々の陳情活動が過剰になるといったさまざまな面倒が起きるからだ。直前にぱっと決めて、決めたらすぐに日本に行ってしまうことが円滑に進めるコツだった。僕がずっと水面下で動いているのは、ぱっと決めるためには事前の根回しをする必要があるのと、動きを知られると絶対に面倒が起きるからだ。

参加者を発表したら「なぜ私が参加できないのか！」と怒って苦情を言いにくる人が毎年いる。こんなことをするとむしろ参加から遠ざかるのだが、これまで本邦研修に参加したい一心でプロジェクトに協力してきたのにと、一言言わなくてはいられないのだろう。中には「プロジェクトにお金を寄付したい」という人もいた。十分日本旅行に行けるくらいの金額である。それだけあれば、本邦研修で時間的に拘束されるより自分で楽しく旅行するほうがいいと思ってしまうのだが、実際は、本邦研修というのは、単なる日本旅行よりもメリットが大きいということだろう。ＪＩＣＡの研修に参加したという、ある種の「資格」としての魅力が加算されているのだと思う。ところで、僕はこういう人たちの相手をするのがとても苦手だ。「専門家は利益を分配するのが仕事」とか格好いいことを言っていても、実際に利益を分け与えられない人、いい格好できない人の前で、自分の無力さをさらけ出すこと、もっとはっきり言えば「あなたを切ります」と宣言するのはどうしても心苦しかった。利益分配とは、逆からみれば人を切り捨てる仕事だということでもある。そして、確かに、こういうふうに本邦研修参加を切望して陳情にまで来る人というのはプロジェクトに非常に協力的だった人ばかりだった（プロジェクトに協力的でなければどうせ無駄だとわかっているので、僕に陳情まではしてこない）から余計に辛かった。でも、僕としては「接待」だとかうそぶきながらも、調停制度を構築するという仕事はけっこうに面白かったし、プロジェクトに積極的に協力してくれている人はそれなりにこの面白さを共有してくれているのだとも思っていた。協力的だった人が本邦研修に参加できずにそれ以降全く疎遠になってしまうといったことが何回も何回も重なり、僕は、彼らの気持ちも理解できるものの、ちょっと寂しかった。でも、きっと彼らも寂しかったんだろうな。ごめんね。

本邦研修は、プロジェクト終了までに延べ90人が参加した。本邦研修ではどのようなことをするのか、一番参加者に評判がよかった２０１５年１月の研修の例を紹介する。

この本邦研修は２０１５年1月22日から2月４日にかけて行った。研修テーマは、「調停人の能力向上」。22人が参加した。半数の11人が調停人で、他に裁判所評議会職員、裁判官、弁護士、裁判所職員、研究者が加わっている。

このときはじめて東京以外で本邦研修を行った。愛知県弁護士会が基本的な受け入れ先となり、ほかに松山などを訪問した。モンゴルの裁判所の規模に近い地方の裁判所見学をしたかったこと、愛知県弁護士会はモンゴル弁護士会と友好協定を結ぶなどモンゴルと関係が深かったこと、松山でコミュニティ調停の見学とシンポジウムを予定していたことからこのような日程となった。この本邦研修では、「対話型調停の注意点」、「調停とコミュニケーションの技術」、「最近の調停の議論」、「和解条項の書き方」、「事件類型別の留意点」について講義を行った。コミュニケーションから和解条項まで幅広く実践的な内容といえるだろう。主な見学先は、名古屋地裁、名古屋家裁、名古屋簡裁、松山地裁、松山家裁、松山簡裁、愛知県弁護士会紛争解決センター、公益財団法人交通事故紛争処理センター名古屋支部、愛媛和解支援センター、中京大学法科大学院であり、裁判所と民間ＡＤＲ機関を中心に多岐に及んでいる。

僕は、プロジェクトで実施したすべての本邦研修に同行したが、特にこのときの本邦研修は思い出深い。研修初日に弁護士会主催の歓迎ダンスパーティで盛り上がったことや、研修中盤に松山に行ったことはとても楽しい経験だった。僕自身、松山に行ったのはこのときがはじめてで、道後温泉を楽しませてもらったし、松山でのシンポジウム、愛媛和解支援センターの行うコミュニティ調停の活動はとても刺激的だった。

広島でのことも忘れられない。名古屋から松山へは飛行機で行ったのだが、松山から名古屋に戻る際には松山から広島までを船で、広島から名古屋を新幹線で戻ることにした。広島経由としたのは、モンゴルには海がないので船に乗せてあげたいということと、平和記念公園、広島平和記念資料館に立ち寄るためだ。僕は、平和記念資料館には30年ほど前、2度訪れたことがある。1度目は、小学生のころ母の実家が広島近くにあったことから祖母らと同伴で広島市内に買い物に行った際に、2度目は、中学校の修学旅行で神戸から広島を経て別府温泉へ行くというルートの途中で立ち寄ったはずだ。当時の思い出として、原爆の熱線で銀行の石段に焼き付いた「人影の石」を見て衝撃を感じたのと、祖母が資料館の展示の前で突然目を赤くして「かわいそうに」とつぶやき、僕としてはなんとなく居場所がなく、どう話しかけていいかわからず困惑して立ちすくんだという記憶が残っているだけであって、はなはだ幼稚きわまりない感想ではあるのだが、実のところこの資料館を小中学生に見学させる目的の大方はこれで達しているのかもしれない。

さて、このときに、船はともかくとして、モンゴルの人たちを平和記念資料館に案内することについては、はじめ僕はあまり賛成ではなかった。展示がかなりショッキングなものであることについては、30年前の記憶でおぼろげではあるが理解していた。このような悲惨な展示を見せることにどのような意味があるのか、もっとざっくばらんにいえば、一応は戦勝国であるモンゴルの人に今更のように敗戦の直接のきっかけともなった原爆による惨禍を提示することについて、いかにも被害者面といった感じがして、僕は広島訪問には懐疑的だった。それでも、ＪＩＣＡの担当者の勧めにあえて反対意見を唱えるほどの理由でもないので、僕はあまり期待もせずに、というか、半ば惰性のような気持ち、修学旅行でノルマをこなすような気持ちで平和記念資料館を訪れることとなった。しかし、このとき、僕は自分のひねくれた根性が誤りだったことに気づかされた。広島のことを、モンゴルの人は、誠にお恥ずかしいことであるが、僕以上に詳しく知っており、僕に尋ねる質問も、当時の広島の都市機能や人口、原爆の被害者数など相当の知識を必要とするものだった。さらに、周知のとおり平和記念公園内の「原爆の子の像」の周囲には多数の折り鶴が捧げられているのであるが、この折り鶴の経緯、つまり佐々木禎子の生涯や思いについて皆が理解して、像の前では厳粛に哀悼の意を表したのである。これには少し説明が必要かもしれない。モンゴルでは、１９７０年代、佐々木禎子の心情と鶴を折る様子を歌った「ヒロシマの少女の折り鶴」という歌が流行し、現在でも義務教育のテキストに掲載されているのだ。モンゴル人たちが「原爆の子の像」の前で突然この歌を歌いはじめたとき、僕は驚き、驚きはすぐに彼らに感謝する気持ちになった。広島に来てよかったなあと思うと同時に、地に足が着かず観念だけで物事を考えていた自分のひねくれた性根を恥ずかしく思った瞬間だった。

モンゴルの人は、日本の危機についても温かい配慮をしてくれている。僕がモンゴル赴任中に東日本大震災が発生した。その日、つまり2011年3月11日だが、僕は妻とけんかをしていた。妻はそのとき日本に戻っており、僕とはスカイプでしゃべっていたのだが、今となっては忘れてしまったが多分僕の物言いが良くなかったとかそういうくだらない理由でけんかをしていたのだ。怒ってスカイプを切った妻からしばらくして携帯に電話がかかってきた。うんざりして電話を取ると「大変なことになっている」と言う。「インターネットを見ろ」と。けんかどころではないらしい。早速、ネットでニュースを見ると、大きな地震があったとのこと。「津波が来ている」と妻は言うのだが、そのあたりの情報はインターネットではよくわからなかった。ともかく、その日はその後の予定もあったので夜までとりあえず仕事をこなし、夜になってニュースを見ると、ご承知のとおりの惨状である。夜になって火災が発生し、原発の問題も深刻のようだ。モンゴルのテレビも日本の状況をずっと報じている。僕は大学4年生のときに阪神淡路大震災を神戸市の実家で体験したのだが、そのときよりも大きな被害のようであり、とりわけ、原発が心配。そんな中、震災から2日目か3日目に、ゾルザヤさん（当時は首都裁判所民事部長）と、裁判所評議会事務総長が僕を訪ねてきた。震災についてお悔やみを述べ、さらに、裁判所職員全員が給料の5パーセントを義援金として寄付することにしたとのことだった。そして、何か必要なことがあれば言ってくれと申し出てくれた。震災の例をご紹介したが、モンゴルにいると、一言でいえないが、こうした具体的な行動でなくても、なんというか、こういったモンゴル人のやさしい気持ちをときどき感じることがあった。

プロジェクト最大の危機

2045日も一つの仕事をやっていると、それなりに事件が起こる。ましてや、外国で新たに制度を作るといった仕事であれば毎日が事件のようなもの。つまりルーティンででできる仕事というのはほとんどなくて、すべてがはじめての経験だったり、新しい問題だったりする。プロジェクトの業務でルーティンなのは、JICA内の業務、例えば経理業務とかそういったものだけで、あとのほとんどの仕事というのは、一つ一つが問題といえば問題である。もちろん同じような問題を何度も解決していくうちに、プロジェクトの中ではルーティンに落ちていくような作業、例えば調停人養成研修といったものも多数ある。さて、そんな感じで毎日が刺激的といえば刺激的な職場だったのだが、2045日のうちで最も刺激的だった事件、プロジェクト最大の危機を紹介したい。

プロジェクトには、日本にアドバイザーがいた。プロジェクトを支援する専門家で構成する委員会がJICA本部に設置されており、アドバイザリー・グループと呼ばれていて、時期により若干異なるが5人ほどのメンバーが研究者、弁護士、元裁判官、検察官から選任されていた。このアドバイザリー・グループの先生方の認識するプロジェクト最大の危機と、僕の認識する最大の危機に大きなずれがあったことを知ったのは、プロジェクトも終了間近になってからだった。この最大の危機についての認識のずれというのは、どちらが正しいとか間違っているとかではなくて、現地で主観的に働いている人と、日本で客観的に見ている人との視点の違いを示していて興味深い。

まず、アドバイザリー・グループの委員長である稲葉一人中京大学法科大学院教授の認識では、プロジェクト最大の危機は、2013年春から2014年2月はじめまでの時期、調停法の施行が延期され続けたことだと聞いている。調停法というプロジェクトの集大成のような法律が2012年5月22日に制定されるのだが、その施行日については延期され続けた。当初の予定では2013年春には施行されるはずだったが、延期を繰り返して、モンゴル全国で調停を開始することができたのは2014年2月。当初予定から約1年遅れたことになる。この間、日本側としては、本当に調停を実施できるのか心配でならなかったと聞く。「でも、僕の印象としてはそれほど心配しているように見えませんでしたよ」と言うと、「せっついてもしょうがないから、現地に任せようと、黙っていることにしていた」とのこと。なんとありがたい思いやりだろうか。僕はそんな心配をかけているとはこれっぽっちも思っていなかった。というのは、この施行の遅れは、僕の理解では単なる全体的な準備不足というだけの話だったから、最終的にはなんとかなる話だ。仮に予算がないとか、なんともならなくなればそれまでのこと。別の抜け道を考えるしかないが、絶対そうはならないと思っていた。「そのうちなんとかなるだろう」という根拠のない確信。しかし、こういう気持ちを伝えるのは難しい。僕自身があまりきちんと報告をしないというか、根拠のない気持ちの話なんかしてもしょうがないという考えだった。だから心配させていたのだが、心配しつつも「現地には何も言わずに見守る」というのは僕に言わせれば神対応。こんな組織というのはほとんどないだろう。どうしようもないことを僕に言っても仕方ないということで、多分僕の性格も把握したうえで好きなようにやらせてくれていた。僕が自由に活動ができたのはこういう周囲の配慮のおかげでもある。

ともかく、日本側のアドバイザリー・グループの考える最大の危機は「2013年からの調停法施行の遅れ」ということのようだ。でも、繰り返すが、僕は、調停法は施行されることがわかっており、単なる純粋な準備不足による施行の遅れだと考えていたので、この点についてそれほど危機感は持っていなかった。現地で関係者の顔を見ていれば、本当にやばいかどうかくらいは大体わかる。本当に危ないときは絶対にわかる。自分がだまされているとか陥れられようとしているような時は別だが、円滑な人間関係の中でみんなが危機感を持つ問題が起きているとして、毎日同じ建物で働き、しょっちゅう顔を合わせていながら、そんなこともわからないようだったらこれはどうかしていると思う。

僕が考えるプロジェクト最大の危機は、2011年の9月に発生したパイロット・コート中止の危機である。

この時期、僕たちのプロジェクトは大統領府主導の司法改革に取り込まれていった。調停法を司法改革法案の一つとして国会に上程したいので協力してほしいと大統領府から依頼されたのだ。僕も外国人ながら起草委員会に入れてもらい、調停法の起草を進めていた時期だ。このようにプロジェクトの主な関心は、パイロット・コートでの実験・検証から、調停法起草に移っていった。もっといえば、パイロット・コートの結果がどうであれ、調停法さえ成立してしまえば、調停が実施できそうな状態になっていた。

そのパイロット・コートは実はほとんど財政破綻していた。パイロット・コートでの調停は、2011年5月からバヤンズルフとダルハンの第一審裁判所で開始されていた。しかし、調停事件として申し立てられる数はそれほど多くなかった。もっとも、2011年5月から12月までの8か月間に、バヤンズルフで100件以上、ダルハンで60件以上の調停事件を処理しており、それまでの弁護士会調停センターでの実績と比較しても十分な事件を処理している。しかし、前にも書いたように、パイロット・コートの収益というのは、最高裁、弁護士会、JICAの三者が提供した寄付金と、調停手数料しかない。パイロット・コートの調停では、訴訟手数料の40パーセント相当額を利用者から手数料としてもらうことになっていたのだが、運営費をまかなうには大幅に不足しており、銀行口座残高は毎月減る一方だった。

２０１１年9月というのはそういう時期だったのだが、9月30日、僕は突然、最高裁民事部長のアマルサイハンさんに呼び出された。これまで彼女に呼び出されるようなことはほとんどなかったので「なんか雰囲気がおかしい」と思いながら彼女の部屋に入った。部屋にはアマルサイハンと当時最高裁書記官だったバヤスガランさん（２０１６年現在調停人委員会委員、裁判官）がいた。アマルサイハンさんはいつになく厳しい顔というか感情を出さないような顔をしていた。アマルサイハンさんが言う。

「パイロット・コートでの調停は中止します」

「え？」

「パイロット・コートでの調停は、中止することに決めました」

「どうしてでしょうか？」

「パイロット・コートで約5か月間調停を行いました。パイロット・コートの役割は十分果たせたと考えています。また資金繰りも悪いです」

「そうはいっても、パイロット・コートは今後も続ける予定でした。急に中止と言われても困ります」

「最高裁の長官も含めて決定したことです。10月からパイロット・コートの調停は停止します」

「……」

いつも優しい対応をしてくれるアマルサイハンさんだがなんで突然こんなことを言うのだろうか。確かに、財政状況はとんでもなかった。でも、なんとかまだかろうじて数か月は運営できる資金は残っている。プロジェクト開始から1年がたった今年の5月にやっとパイロット・コートでの調停がはじまったばかりなのに、それを開始5か月でつぶすというのはどういうことだろう。どう考えても僕は納得できなかった。このとき、僕は、パイロット・コートの調停が中断するということは、プロジェクトを中断することとほぼ同じことだと考えていた。アマルサイハンさんと話しながら血の気が引くような感覚になっていった。

先日、2016年1月に、そのときのことをバヤスガランさんから指摘された。プロジェクトでいろいろあったねといった話をしていたのだが、バヤスガランさんもこのときは一番プロジェクトの危機だと感じていたらしい。僕のこのときの様子もよく覚えていて、「急に顔色が青ざめて困っていたのがわかった」とのこと。本当に、プロジェクト全体を通じてこのときほど僕がまずいと思ったことはなかった。

一応、その場はそれ以上言わずに引き下がり、すぐにほかの関係者に相談してみたが「最高裁が決めたのならどうしようもない」といった返事。他人の助けは借りられないのなら僕がなんとかするしかない。そう思って最高裁を説得する方法を考えることとした。

僕としては、調停の全面停止だけは避けたかった。パイロット・コートを停止してしまうことで、調停のデータが取れなくなるというだけでなく、今後の調停人の継続的な養成計画も立てられなくなる。また、パイロット・コートの調停は今後順調に成果を上げていきそうな予感もあった。調停人や僕たち運営側が調停を実際に経験して学べることも多い。せっかく動き出したパイロット・コートでの調停をたった5か月で中止するというのはいかにももったいなかったし、これを中止すると、調停法成立にまで影響しそうな気すらしていた。調停に反対する人に対抗するためにも、実際に調停を運営し続け、調停を宣伝していく必要があると思っていた。こういったさまざまな事情を考えると、僕としてはどうしてもここで調停をやめるわけにはいかなかったのだ。

アマルサイハンさんは、パイロット・コートが大赤字であることを問題にしていた。だから、そのあたりを解決するアイデアを出さねばならない。そのうえで、これまでのアマルサイハンさんとの付き合いから、本当に中止は困ること、継続する合理的な理由があることを説明してお願いしたら、なんとか問題解決を検討してくれそうな予感もしていた。このとき僕が考えてアマルサイハンさんに提案したカウンター案というのは、「パイロット・コートでの調停は、1週間のうち、1日だけを受付日とする」というものだった。そうすれば、調停人に来てもらう日が減る。もし、受付日だけ調停を行うのであれば、単純に考えて調停はこれまでの5分の1の費用でまかなえることになる。だから赤字にならないという理屈だ。しかし、この考えには裏があって、僕は調停の日を1週間のうち1日だけにしてしまう気は毛頭なかった。調停の受付日を1週間のうち1日としても、実際の調停期日は受付日以外にも行うことができるので、僕としては実際はなしくずしに現状どおり調停が毎日行われることになるだろうと予想がついていた。結局今までと何も変わらない。そのあたりはアマルサイハンさんも当然わかっていたと思う。僕はアマルサイハンさんと面会して、「JICAとしてはこのままパイロット・コートでの調停を行ってもらいたいと思っている」、「そこで、1週間のうち1日だけでも調停受付日として継続してもらいたい」とお願いした。なぜだかわからないのだが、すばらしくうれしいことに、アマルサイハンさんはあっさり「それでよい」と受け入れてくれた。細かい突っ込みは一切なかった。さらに、「2012年の3月か4月までには、手数料も貯まっているかもしれないし、調停法もなんとかなっていると思うから、様子を見てパイロット・コートでの新件受付を週5日に戻してもいいよ」とすら言ってくれた。ここでアマルサイハンさんの意図するところが明確になったわけだが、やはり、調停人報酬が赤字続きであることと、調停法に作業を集中したいことが、パイロット・コートの中止という最高裁の判断になっていたのだと思う。

今振り返っても、やはり、僕は、これがプロジェクト最大の危機だったと思う。このときの僕はパイロット・コートが動かなければプロジェクトをしている意味がないと、その理由は言語化できていないものの漠然と確信していたのだが、実際にもそのとおりだったと思う。パイロット・コートを維持し続けたから、今のモンゴルの調停がある。つまり、調停の流れがはじめから一度も途切れずに、わき水が大河になったようなイメージだ。中断したら元のレベルを取り返すのに相当の時間と労力がかかってしまう。このとき調停を継続したことは、調停法成立の後押しになったことは間違いないし、その後の調停の発展にとって、人材、費用、時間すべての場面で多大な節約になった。反面、アマルサイハンさんの心配もあたっていて、僕のずるい策略どおり調停は相変わらず毎日行われ、パイロット・コートの赤字は蓄積する一方だった。その後も調停人の報酬をぎりぎりまで減額し、それでも不足するので遅配し、僕自身も個人的に寄付するなどして破綻するのがわかりつつごまかしごまかし運営を続けることとなる。それでも結果的には調停法が施行されるまでなんとかパイロット・コートは維持できたのである。

さて、これで一応は僕なりのプロジェクト最大の危機は乗り越えられたのだが、この後日談がある。調停を（週1日の受付という限定のうえであるが）やってよいとの言質をとって、僕は喜んで当時のJICAモンゴル事務所のプロジェクト担当者に面会し、これまでの経緯を説明した。僕としては、これは大手柄、ファインプレーであると自負していて、中止されそうになった調停を維持したということで少なくともお褒めの言葉、好意的な反応を期待していたのだ。しかし、このときの担当者の反応は予想と違っていた。会議室の席から突然立ち上がり、大声で「JICAを悪者にして勝手なことを言って！」と責められたのだった。僕にとっては予想外の反応である。またそのときタイミング悪くトゴスさんが同席しており、僕としては部下の面前で理不尽にしかられたことがただただ悔しく動揺して、まさに言葉を失って一言も反論できなかった。この対応からわかるように、こんなことを書くと商売に差し障りしかないのだが、僕は、絶対的に優秀な弁護士ではないのである。JICAの入っているビルを出て妻に涙声で電話してこの経緯を話したところ「あほか、あんなやつに泣かされて。ちゃんと仕返しするまで家に帰ってくるな！」と言われた。

このときしかられたショックは僕にとっては意外に大きく、このことがきっかけで、僕はもうJICAモンゴル事務所に対して何かを期待することはなくなった。それからは、僕は、彼らには「言うだけ無駄」と考えて行動するようになり、説明不足というかモンゴル事務所の担当者をほとんど無視してプロジェクトを動かしはじめた。ただ、ズル賢く東京のJICA本部との連絡はかえって密にするように気を配った。両面に敵を作ることを避けていたのだ。僕は、恐らくだが、JICAモンゴル事務所にとっては非常に問題のある専門家で、JICA本部にとっては、時々面倒を起こすけれどプロジェクトを成功させている専門家というイメージであり続けた。モンゴルと東京の僕に対する認識のギャップや、お互いの組織の中での力関係を利用して、ときには両者が牽制《けんせい》し合うような関係をわざと作りながら、なんとか綱渡りして、2045日のJICA専門家としての期間をやり過ごした。

モンゴルの調停事件の種類

このあたりで、どんな事件がモンゴルで調停によって解決されているか見ておくのもよいだろう。

まず、調停の対象となる事件の種類だが、パイロット・コート、すなわち2011年5月から2012年12月までの段階から、調停は民事事件、家事事件そして労働事件について行うものとされていた。この、調停でどんな種類の事件を取り扱うかについては、調停法施行前後で変わっていない。民事事件というのは、貸した金の返還請求や、近隣の人との土地建物についての争いなど、ほとんどすべての紛争が含まれる。労働事件というのは、労使関係の紛争（これについては労働法で特別の調停手続が規定されている）を除く、不当解雇や未払賃金の請求といった問題である。家事事件には、養子縁組なども含まれるがその大多数は離婚事件だ。

パイロット・コートでの調停が運営されはじめ、調停に対してのイメージが一般に浸透してきたころから、刑事事件に調停を導入できないかという意見が出てきた。モンゴルでは、一定の刑事事件については、被害者と加害者の間で和解が成立した場合に刑罰が軽くなる制度がある。日本においては刑事手続ではなく民事手続に分類される、いわゆる付帯私訴といわれるような制度なのだが、これに調停を利用できないかということだ。確かに、民事の損害賠償請求と同じ性質を持つ紛争について和解するのだから、理論的にも十分調停を利用できそうだ。問題がないように思われたが、2016年現在まだ実現できていない。これは、特に導入に障害があったというよりも、僕たちが、まずは通常の民事事件を充実させようとしていたからだ。まずしっかりと典型的な民事事件、家事事件、労働事件についての調停を確立させれば、おのずから必要に応じて調停は広がってくると考えていた。それに、実際には、刑事事件にまで手を伸ばすだけの余裕もなかった。僕は、これから先、モンゴルで刑事事件に調停を導入することは十分に可能だと考えているし、それは犯罪被害者にとっても望ましいことではないかと思っている。

そのほか、行政事件について調停を導入できないかという点も議論されていた。特に導入の可能性があるのではないかと僕たちが考えていたのが、税務署との紛争に調停を利用することだった。具体的には課税処分について不服がある場合、モンゴルでも日本の国税不服審判所と同様、税務署内の審査機関に対して不服申立てをすることができる制度になっている。この不服申立ての段階で調停を利用するようにしてはどうかと僕たちは考えたのだ。これは、調停が全国に導入され、プロジェクトも終盤になってから起こった議論である。具体的には2015年はじめに導入の検討がはじまった。そのきっかけとなったのはモンゴルの国税庁からの問い合わせで、国税庁として調停の導入を検討したいとのこと。早速、国税庁を訪れて長官にもあいさつし、それから国税庁内の法律専門家とも話し合ったうえで、調停導入の是非はともかく、一度、調停に関するセミナーをしてみようという話になった。僕としては、調停制度が行政機関にも拡大することは望ましいと思っていた。つまり、前にも同じことを述べたが、調停制度に国税庁でも大学でも商工会議所でもいいのだが裁判所以外のいろいろな機関を関係させることで、調停制度がモンゴルで根付く。もっとはっきりいえば、例えば裁判所が調停をもうやめようと思っても、関係者が多ければさまざまな利害が絡んでしまって簡単に調停をやめることができなくなる。そういう利害関係がぐちゃぐちゃに混乱している状況をできる限り引き起こすように考えながら、僕は日ごろから活動していたので、調停を税金の分野に導入することは大歓迎だったのだ。

早速、日本のアドバイザリー・グループに対して税金について調停ができるかどうかの検討を依頼し、結論としては理論的には可能性があるとの回答を受けた。諸外国の例でも課税処分に対して和解する例があるらしい。そこで、モンゴル国税庁の調停セミナーで講師をしていただくよう日本の専門家に依頼することにした。「この調子でいけばモンゴルに税金調停ができる」と新しい展開に僕は舞い上がっていた。日本でも他の国でもほとんど行われていない新しいことである。それをモンゴルで実現させる道筋をつけるのはとても楽しい。

ところが、この計画は頓挫することとなった。大きく2つ理由がある。1つは、まず、国税庁の意見がぶれたことである。国税庁の不祥事や人事異動が重なった時期でもあり、当初大っぴらにはなかった反対意見が強くなった。日本人講師は確保したのでセミナーの準備を進めてくれというプロジェクトからの依頼を、国税庁はいろいろ理由をつけてずるずると引き延ばした。あまりに対応がおかしいので引き延ばしの理由の矛盾を問い詰めると、国税庁の担当者は「セミナーはできない」と言う。この段階で僕はセミナーをいったんあきらめたのだが、国税庁の様子を見て首都税務局（日本でいうと東京国税局）が、独自にセミナーをやりたいと申し出てきた。これは、国税庁内でも意見が割れていたことを示すものである。首都国税局の申し出は、僕としては即座に受け入れたかったのだが、しかしタイミングが遅すぎた。

2つ目の理由が、このタイミングの問題である。税金調停に裁判所が介入することを許してしまったのだ。僕は、税金調停について裁判所の協力も得たいと思っていた。だから、当然、当初からこのセミナーの計画を裁判所にも調停人委員会にも話していた。調停人委員会委員長のトンガラグさん（2014年まで最高裁判事。ワーキング・グループでも中心メンバーの一人だった）とは、税金調停を行うために、税法をどう解釈するかといった議論もしていた。

国税庁がセミナーへの返答を引き延ばしている間に、トンガラグさんは、いろいろと考えたのだと思う。「岡はなぜか税金調停をやりたがっているようだが、そんなことして大丈夫なのか」と。僕は、調停制度だけを見ていた。トンガラグさんは、調停よりも社会全体を見ていたのだと思う。モンゴルの税制を混乱させることになるのではないかという危惧であり、調停制度の拡大だけを見ている僕とは思考の深さが違っていた。僕としては、税金調停を可能にできるような理屈はいくつか考えていて、モンゴルの税法にも違反しないと解されること、そして、すでにその当時開始から1年程度経過していた裁判所調停で、実際に10件近い税金調停が行われていたことを調べ上げていた。これは、いくつかの地方の調停人が、事件の性質についてよく吟味しないままに課税処分について調停を行っていたのである。理屈と実際にやっているという現状で押していけば、モンゴルで税金調停をはじめられると思っていた。しかし、トンガラグさんは、僕の理屈を正面から受け止めて議論することは避け、最高裁の裁判官で協議のうえで税金について調停できないという結論を出した。これは首都税務局でのセミナー実施が決まった数日後のことだった。

トンガラグさんに「税金調停はできない」と言われて、僕は、残念だったけれど、そのときはじめて彼女の心配が理解できた。僕は、トンガラグさんの言いたいことも、自分がこの件でもう何もできないこともよくわかったので、一切反論しないと決めて「最高裁でそう決めたのでしたら何も言うことはありません。やめましょう」と言った。トンガラグさんもそれ以上何も言わなかった。セミナー参加のために多大な労力をかけて準備をしていただいていた日本の先生方には、今思い出しても本当に申し訳なくて、心からお詫びしたいのだが、それは僕の側の仕事上のミスという話にすぎなくて、モンゴル側には責任は全くないことである。

実は、この税金調停の失敗というのは、僕がプロジェクトで「失敗した」と心から反省している数少ない事件の一つだ。そう、僕は失敗（例えば、わかりやすい例では遅刻）は毎日のようにしているのだが、本気で反省することはめったにない。そのあたりが他人に憎まれる大きな原因であり僕の最低なところなのだが、本当のところはそうなんだからしょうがない。そんな僕が、この件に関しては、すごく反省している。

失敗の理由を考えるとき、直接的には、国税庁の心変わりと、裁判所の理解が得られなかったということになるのだろうが、僕の思いとトンガラグさんの思いを比べてみると、まず、僕はこのとき好機到来とばかりに少し気持ちが高ぶりすぎたように思う。僕のモンゴルでの生活を振り返って、流れに乗ることができたとき、その仕事はおおむね成功している。失敗したときというのは、僕に欲が出たとき、その結果として流れに逆らい強引に物事を動かしてしまったときだ。今回、明らかに僕は貪欲に動いていたし、自分でもその自覚はあった。「税金調停をしたい」と国税庁が申し出てきたときは、失礼ないい方かもしれないが「魚が釣り針にかかった」気がしていた。これは今考えると余りに欲深い。その結果として僕の動きもぎこちなく不自然になっていたのだと思う。根回しも少し強引で、全体に強く力を入れすぎてしまっていた。僕は釣りはズル堀でコイを釣ることしかしないのでわからないが、かかった魚をバラした感覚というのは多分こんな感じではないかと思う。大きな魚がかかってうれしすぎて全体への目配りが足りなくなっていたともいえるだろう。

事件の内容

大分話がそれたが、調停の種類は、そういうわけで、民事、家事、労働ということになる。実際にどのような調停が事件となっているのかとよく聞かれるが、これは日本とそんなに変わりがない。貸金返還請求や代金支払請求事件、離婚や不当解雇が多い。あとは、携帯電話料金や、電気料金、水道料金といった公共料金の支払いを求める調停だろうか。携帯電話会社などは料金滞納という定型的な紛争を費用も時間も節約できる調停で解決するようになってきており、日本の支払督促のような役目をモンゴルの調停は担いつつあるようである。

「モンゴルで印象的だったのはどんな調停ですか?」という質問もよくある。実は、印象的だった調停というのは特になくて、この質問をされると答えに窮する。確かに、事件はそれぞれに事情は異なっていて、同じ事件というのは一つもない。そして、そこには、例えば馬の肉の代金請求といったモンゴルならではの特徴のある事件もある。しかし、それぞれの事件は想像の範囲というか、それほどおかしな話になっているわけでもなく、ほとんどの事件は、独特の解決や頓知《とんち》の利いた調停をしているわけではない。日本人もモンゴル人も、細かい文化の違いや言い回しの違いはあっても同じ人間、人のもめ事や考え方は大体一緒ですね、というのが僕の感想だ。僕が実際に調停人として働いていたのであれば話は別であり、当事者の悲喜こもごも、事件の裏表、調停人としての細やかな解決の工夫といった面白みを見いだすことは容易にできるのだろう。しかし、僕は、モンゴルで調停人として働いていたのではない。調停事件は事件の記録として把握しているにすぎないし、一つ一つの事件というのは、モンゴルでの僕にとっては全体の統計の中での数字にすぎない。僕はある意味データとしてしか調停を見ていない。僕の仕事は、事件を解決することではなくて、事件を解決する仕組み、システムを作ることだったからだ。それで、僕は、残念ながら皆さんに具体的な事件の話、すなわち、面白い調停、興味深い調停の例を示すことができないのだ。

そうはいっても、モンゴルならではの事件というのはあるはずだ、と言われるかもしれない。実は、僕は、パイロット・コートの段階、つまり2011年から2012年までは、すべての調停事件について事件記録を読み込んでいた。特に、2011年の事件については事件記録を自分ですべて手にとって、証拠も含めて1ページごとに口頭で翻訳してもらいつつメモをとり、調停人ごとに事件処理の注意事項をまとめて個別に面接までしていた。2014年にモンゴル全国の裁判所で調停が開始されてからは、その数の膨大さから事件記録を読むことは基本的にあきらめたが、それでも、ふつうの人よりは調停事件について詳しいはずだ。だから、皆さんにとって面白いかどうかわからないのだが、モンゴルらしいと思われる事件をいくつか紹介しようと思う。モンゴルの調停のイメージを作ってもらえたらうれしい。なお、もちろん事件の内容は、具体的に特定できないように適当にいじってあることはいうまでもない。

【修理請求】

（事件の内容）中立人は、半年ほど前に冷蔵庫を修理業者に修理してもらった。韓国製のモーターに交換して修理代金を支払ったが、保証期間が終わっていないにもかかわらず1か月で壊れてしまった。そこで同じ修理業者を呼んだが、修理してくれない。この冷蔵庫を修理するか支払った20万MNTを返還してもらいたい。

（相手方の対応）すぐに修理すると返事をした。

（和解内容）相手方が○年○月○日までに修理する。修理する際には、中立人は家にちゃんといて相手方の修理に応じることができるようにする。

【賃金請求】

（事件の内容）相手方会社の「外国で仕事をした経験者を会社が請け負っている国際関係のプロジェクトで高い給料で雇います」との募集広告に、中立人が応募した。相手方の採用担当者が迎えに来て「採用の便宜を図るので、900ユーロをはじめに投資してもらいたい。そうすれば、月額200ユーロの給料の仕事に採用する」とのことで、中立人は相手方に900ユーロを手渡した。しかし、与えられた仕事は国際関係のプロジェクトではなく、単なる詐欺ビジネスだった。給料も支払われていない。

（相手方の対応）調停人が何度も電話をして、呼出状も送付したが、相手方は出頭しなかった。

（結論）当時も現在も、調停事件の呼び出しには強制力や罰則がなく、結果的には和解できなかった。

日本人が関係している事件もある。

【養育費請求】

（事件の内容）中立人（女性）は数年前から日本人の相手方（男性）と同居しはじめた。

その後、息子を出産した。数年間一緒に暮らしていたが、その後、相手方は日本に戻って帰ってこない。相手は当時北海道の○○という会社で働いていて、その会社のモンゴル現地法人○○のエンジニアだった。電話番号は○○だ。中立人は子供と母と3人暮らし。夫から養育費を出してもらいたい。

（結論）そもそも呼び出しの段階から、どのように調停を行うべきか問題になる事件だった。結局、中立人が、通訳を選定するのに時間と費用がかかること、呼び出しできたとしても相手方が応じないであろうことから、中立てを取り下げた。

（コメント）訴訟を申し立てるべき案件だったと思う。

【代金請求】

（事件の内容）中立人は、携帯電話のプリペイドカードを販売している。相手方は、○○のバス停の近くでキヨスクを経営している。中立人は、相手方に、各電話会社のプリペイドカードを「つけ」で売っていた。そして、実際に販売されたときに代金を払ってもらっていた。しかし、相手方は、2か月前に販売したプリペイドカードの代金を支払わない。ほかの代金とも合わせて、75万MNTの売掛金がある。これを請求したい。

（相手方の対応）相手方はキヨスクの営業をやめてしまっていた。ただ、別のバス停前でキヨスクを経営する準備をしていて、すでに権利も取得している。来月から営業をはじめるので、来月以降、支払いが滞っている代金に利息を付けて支払うことになった。

（和解内容）1．相手方は75万MNTと利息〇〇MNTの支払義務があることを認める。
2．これらを、来月〇日から1日あたり2万5000MNTずつ支払うことで返済する。
3．返済は〇〇銀行の中立人口座に振り込む。

【地位確認請求】

（事件の内容）中立人は、A公営企業の従業員である。中立人は、Aの業務上作成する書類を偽造したとして、4年前に逮捕された。しかしその後の捜査の結果、偽造文書のサインと中立人のサインが一致しないとして、不起訴処分となっている。逮捕後、中立人はAを解雇された。中立人は、従業員として職場復帰を求めるとともに職場復帰までの期間の賃金と社会保険料を請求した。

（相手方の対応）法律に基づいて処理したいので少し検討する時間がほしいとのことだった。

（和解内容）1．中立人を○年○月○日から従業員として復職させる。2．未払賃金○○を支払う。また、社会保険手帳の記載も勤務を継続していたのと同様に行う。3．今後、本件について双方は紛争を起こさない。

【夫婦関係円満請求】

（事件の内容）中立人（夫）は次のように申し立てた。「私たち夫婦は○○年に結婚した。その後、私は、○○年から韓国に出稼ぎに行って缶詰工場で仕事をしていた。2年ほど働いて韓国から帰ってきたら、妻との関係が悪くなっていた。私は離婚したくないが妻は離婚したいと言っている。この関係をどうすればいいか、アドバイスして妻と和解させてほしい」。

（相手方の対応）調停人が相手方（妻）を電話で呼び出したところ、すぐに妻が夫を連れて調停人の所に来て、「我々はお互いそこまで関係が悪くなっていません。だから当然離婚なんてしません。私は、けんかになったので、夫を脅かそうとして離婚すると言いました。この人はどうしてこんなに早く中立てしちゃうんだろう」と言った。

（和解内容）すぐに期日を開き、次の和解をした。1．夫婦の間で二度と離婚を持ち出さない。2．2人とも離婚したいとは思っていなかった。

（コメント）事件記録を監査している立場の僕からいわせると、法的には全く無意味な内容の和解条項なのだが調停人に対しては特に何もコメントすることはしなかった。

いかがでしょうか？　具体的な事件の紹介はこのあたりにしておくが、大体どんな内容の紛争でも調停ができること、モンゴルでも、特にここで取り上げたのは都心部の事件ということもあり、変わった紛争というのは少なく、日本社会とそれほど変わりがないことがおわかりいただけると思う。

全国出張／旅とイライラ

全国出張時の自動車。故障したときに危険なため，移動は原則１台ではしない（2015年）

調停法

これまでにもところどころで書いているが、調停法は2012年5月22日に国会で成立した。プロジェクト最大の危機がパイロット・コートの中止だとすれば、プロジェクト最大の僥倖が調停法の成立である。調停法の成立は、プロジェクトの成功とモンゴルでの調停制度の定着を決定づけた、プロジェクトにとっては最も重要な出来事だった。

はじめは降ってわいたような話からはじまった。2011年5月17日付けの僕のメモによると、この日、僕は最高裁民事部長のアマルサイハンさんと話をしている。アマルサイハンさんは、「JICAとは話をしていなかったが、今政府で調停を立法化することが議論されている。裁判所法の改正、裁判所評議会の改革、それと調停について、法案を作って大統領が国会に提出することが検討されている。ただし、法案作成の進捗は芳しくない」と教えてくれた。そのとき僕は、2日後に大統領府法律顧問のバヤルツェツェグさん（女性）から呼び出しを受けていたのだが、このことと関係するらしかった。アマルサイハンさんは僕が大統領府に行くことを知っていて、というか彼女も僕と同席するように言われているらしく、事前に僕に策を授けようとしていた。

「大統領府では、プロジェクトに対して、調停法案作成の協力を求められるから、次のことを理解して対応してほしい。調停法の立法化については、プロジェクトのワーキング・グループで最初から最後までやっていくという方針を貫く。よその人が入ってこないようにする。ＪＩＣＡは内容面の支援ができることを強調するのがよいと思う。経済的な支援は必要に応じて程度でよい。大統領府の意向に沿わなければ、ワーキング・グループごと法案起草から外されてしまうことになりかねないので、対応に注意をしてほしい」

「大統領府で法案を検討しているメンバーのほとんどはアメリカで教育を受けていて、アメリカ流の考えを持っている。それに対して、私たちはドイツ法の考えを持っている。このような状況なので、考えが一致しないことにならないかと懸念している。だから、岡さんに起草委員になってもらいたい。そして起草委員会に入ったら、自分の考えを遠慮なく述べてほしい。法案起草委員に外国人が就任するのは初めてのことだと思うので意義のあることだと思ってやってほしい」

……責任重大である。

思いもかけない話だった。そもそも、プロジェクトの当初目標が「調停の導入に向けたグランドデザインの提示」であり、グランドデザインの内容は不明確ながら、例えばパイロット・コートでの実績があれば、それをまとめて意見をちょこっと書いたものを一応グランドデザインと呼ぶこともできた。その程度の目標にすぎなかったのだ。つまり、具体的に「調停の業務フローを作成する」とか「調停法案を作成する」といったことまでは求められていなかったのである。それが、プロジェクト開始わずか1年ほどで調停法制定の話になろうとは思いも寄らないラッキーな話だった。プロジェクトにとってラッキーな話であるとともに、僕個人としてもこんなうれしい話はない。法律の起草に関わる機会など、日本にいたら99パーセント、いやもうはっきり100パーセントといってもよいくらいの確率で、僕には回ってこないはずだ。もちろんアマルサイハンさんの言うとおりにすることを告げて、バヤルツェツェグさんとの面会に備えることにした。

バヤルツェツェグさんとの面会は、大統領府で行われた。大統領府はスフバートル広場(現チンギスハーン広場)の北、政府宮殿内にある。バヤルツェツェグさんの話は、ほぼアマルサイハンさんの事前のレクチャーどおりだった。まず、法案の構想についての説明があり、JICAプロジェクトにも協力してもらいたいというものだ。僕は、アマルサイハンさんの意をくんで「プロジェクトとして協力するが、起草委員会を作りたい」と伝えた。はじめバヤルツェツェグさんは「起草委員会を作ると余計に面倒になるから作らなくてもいいのではないか」と言っていたが、それでもがんばって「作りたい」と言うと、「それでは、来週中に官房長官から正式に起草委員を任命することにするから、アマルサイハンさん、岡さん、あとはあなたがたの好きな人を入れてもらっていいよ」と言い、「あなた方に起草は全面的に任せる」とも言ってくれた。

法案の起草は非常に急ぐようだった。聞くと、翌月の6月まで行われている今期の国会に法案を提出したいというむちゃ振りであった。ただ、この大統領府の焦りが、なりふり構わない起草の丸投げ、外国人である僕を含めてほぼプロジェクトの関係者で起草委員を独占し、事実上プロジェクトだけで法案を起草するという、僕から見れば、最高に望ましい結果が生まれたのだと思う。

バヤルツェツェグさんは、僕たちに「調停法案を2週間で作れ」と告げていた。これはさすがに無理かもしれないと思ったが、でも、やるしかない。バヤルツェツェグさんにははじめて呼ばれたのが5月19日で、2日後の21日には再び呼ばれて、来週のはじめか中ごろまでには草案を作るようにと改めてタイムリミットを提示されていた。最高裁としても、調停法を作るのであれば、今この瞬間に迅速に作成してしまいたいはずだった。今であれば、最高裁がほぼ完全にコントロールできているプロジェクトを利用して、最高裁の思いどおりの調停法を作り上げることができる。時間がないことはむしろ好都合で、いろいろな意見を取り入れたり反対意見を調整したりする必要がない。

早速、アマルサイハンさんとプロジェクトのワーキング・グループ会議を臨時招集してもらい、法案についての意見を出してもらうこととした。アマルサイハンさんは、並行して、各国の調停法を収集しはじめた。ワーキング・グループ会議では、早速、パイロット・コートの業務フローを基礎にして法案の骨格（総論、定義、調停手続参加者、調停手続といった基本的な目次）を作成したうえで、アマルサイハンさんが各人の担当を決め、決められた人が分担して起草を進めていった。週明けには各人が起草したパーツを取りまとめて会議をする。その結果に基づいてアマルサイハンさんを中心に全体の表現などを調整してとりあえず起草を終わらせるという計画だ。起草に与えられた時間は約2週間しかなかったから、こうした乱暴な方法をとるしかなかった。2週間という期限について、日本側アドバイザリー・グループの1人から「2週間で法律を作るなどむちゃくちゃであり、専門家はそのような法案作成に協力するべきではない」、「むしろ、大統領にそんなことをすべきでないと諫言《かんげん》すべきだ」との意見もあったのだが、僕は、あいまいな返事をしつつ、その意見を完全に無視することにした。全く現状を知らず将来を見据えていない発言だと思い、そのときはとても怒っていた。モンゴルの実情や法案作成の実情、千載一遇のチャンスであるといったもろもろを全く理解せずに、何を日本みたいに悠長なことを言っているのかと。でも、今考えるとこの意見は全く正当なのである。いったん法律が作られてしまったらそれを後から修正するのは意外と難しい。国民の権利義務に重大な影響が出る法律制定にあたっては慎重にも慎重を重ねるべきというのはそのとおりだと思う。だから、僕が丁寧にモンゴルの事情を説明したうえで、それでも今すぐ法律を作るべきだという考えを述べていたらよかったのかなと思う。しかし、残念なことに僕にはそんな説得に関わっている余裕はなかった。僕が一番冷静でなかったからだ。このチャンスを逃がさないという決意、そして来週早々には法案を作成しないといけないというプレッシャー、あるのはそれだけだった。

僕には、アマルサイハンさんから、調停手続に関する部分の起草が割り当てられた。これは調停運営を決める一番の肝となる部分だ。僕がこの部分の担当になったのには理由があり、僕が一番調停の実情を知っているとモンゴル側に思われていたであろうこともあるが、それ以外の部分を僕が担当できなかったからでもある。モンゴルの法律の構造は日本とは少し違う。例えば、関係者の権利義務を独立して条文にするとか、細かいルールがたくさんある。こういった起草のルールについて当時の僕は全くの無知だった。時間も切迫しており細かいルールを僕に教えている時間もない。そういう事情もあり、調停法で恐らく後々もっとも重要になってくる、つまり今後のモンゴル国での調停のやり方を決めると思われる調停手続が割り当てられることになったのだろうと思う。

調停手続の条文を起草するにあたって、僕はまず日本の民事調停法などを読み返してみたのだが、これはあまり参考にならなかった。日本の法律は、具体的な調停のやり方についてほとんど何も書いていない。しかし、それまでパイロット・コートで行っていた「調停業務フロー」が存在していたので、それを利用して骨格を作ることにした。

このときの僕の担当部分というのは、現行のモンゴル調停法では第4章「調停手続」にあたり、18条から29条の12の条文からなっている。「調停手続の一般原則（18条）」、「調停を実施する場所（19条）」、「調停を実施する機関（20条）」、「調停実施の条件（21条）」、「調停申立て（22条）」、「調停人の選任（23条）」、「調停実施の方法（24条）」、「調停の記録（25条）」、「和解契約書（26条）」、「和解契約書の履行（27条）」、「調停の打ち切り（28条）」、「調停手数料・費用・報酬（29条）」であり、まさに調停運営の中心部分だということがおわかりだろう。

起草のとき僕が考えていたことで、まずお伝えしたいのが、僕は日本の裁判所調停には当時も今もそれほど心酔していないということだ。というよりも、むしろ、裁判所で勤務している中で、そして弁護士として仕事をする中で、日本の裁判所調停（訴訟上の和解も含めて）に対する不信感が募っていた。日本の裁判所調停や訴訟上の和解では、その話し合いに当事者は同席しない。絶対といってよいほどしない。いや、しているという人がいるのも知っているが、話し合いの最初と最後では同席するかもしれないが、実質的な話し合いの段階では一方当事者から話を聞いて、そして交代で他方当事者から話を聞く方式（コーカス）ばかりだというのは、これは関係者には周知の事実だろうと思う。僕はこういうやり方ははっきりいっておかしいと思っていた。裁判所にいるときも、弁護士になってからもだ。弁護士になってからは、依頼者に了承を得たうえで同席でやってくれと調停委員に要求したこともあるが、すべて「相手方が嫌がっています」と断られていた。相手方だけでなく、もちろん実際は調停委員も嫌がっていることは僕にはわかっている。やったことのない同席調停をして問題が生じたら責任を問われるのは調停委員だ。では、なぜ、僕が同席にこんなにこだわるのかというと、往々にして、別席で行われる調停や和解では、双方に不利な事情を説明したうえで合意をさせるというやり方、つまり調停なら調停委員による情報操作のようなことが行われていることを知っているからだ。このことは訴訟上の和解についてはより深刻だ。なぜなら、最終的に判決をする裁判官が和解を主宰しているからだ。だから例えば、裁判官が、被告に対してはこのままでは敗訴の可能性が高いことをにおわせる。そして、交代に部屋に入ってきた原告には主張を裏付ける証拠が薄いことをにおわせる。どちらもそれぞれが不安になり、裁判で負けるくらいならと、適当なところで折り合いをつけて和解する。こうしたテクニックを使っている裁判官もいるかもしれない。いないかもしれないが、僕が裁判官なら当然こうやって事件を落としていくからそういうことが起きる可能性はあるだろう。でも、この方法はいかにもズルい。なぜといって、皆さんおわかりのとおり、ウソはついていないが、実際のところは当事者をだまして和解させているようなものだからだ。要するに、僕は、日本の調停や訴訟上の和解は不誠実だと思っていた。

こんなふうに思うのは、僕がロースクールに進学したことも関係しているのかもしれない。5年間勤めた裁判所を退職し、ロースクールに行って衝撃的に感じたことは大きく3つある。一つは、周囲の若い同級生の優秀さ。もう一つは、僕がこれまで漫然と事務処理していた業務、特に裁判所書記官の仕事が、すべて民事訴訟法や民事訴訟規則といった法令によって定められているという事実だった。お恥ずかしいことながら、僕は、自分が裁判所書記官として行っている仕事が、どの法律のどの条文に根拠を持つのかといったことは全く理解していなかった。理解していなくとも具体的な仕事はできるということでもあるが、無意識に「習うより慣れろ」という感覚（もっとも、裁判所書記官の研修所に1年間も通わせてもらって習っているはずなのだが）だけでこなしていた事務作業のすべてに根拠があることに遅まきながら衝撃を受けた。そして、ロースクールで衝撃を受けたことの3つ目というのが、この話に関わってくることであり、選択科目として2年目に取ったADR（裁判外紛争解決手続）の授業のことである。裁判以外の紛争解決ということで、裁判所調停、裁判所以外の調停、仲裁といった内容を学ぶのだ。このときの恩師が、勝手に推測するのだが、多分僕と同様、コーカスを原則とする日本のやり方に否定的な意見を持っていたと思われる。僕は衝撃というか、僕のこれまでの直感は間違っていなかったという気持ちになったのだ。僕としては、この授業は内容が高度でほとんど理解できないままに、しかし興味深く受けていたのだが、このときの恩師の感覚と僕の感覚の一体感というのが、勝手な思い込みだがごく単純にいえば同席調停○、別席調停×という考えの根拠として、つまり「僕は間違っていない」という確信の背骨としてあるのだ。

というわけで、僕は日本の裁判所調停に対して、決して好意的な考えを持っていなかった。そして、その考え方の中心となっていたのが、別席調停だった。僕の個人的な考えを、公的な場面で推し進めることは、これは絶対にやってはいけないことだと思う。法案の起草といったレベルではなおさらで、モンゴルの調停をよくするためにどうすべきかと考えるべきであり、個人的な感情は除くべきだ。ただ、今回に限っては、モンゴルにおいても、調停は同席がよいというのは、共通認識としてすでに存在していた。なぜか。

日本が中心となって、モンゴルでも2006年あたりから弁護士会の調停が行われていたことは前にも述べた。その当時から、モンゴルの関係者をJICAで本邦研修に連れて行くことは行われていた。裁判所調停についても、実際はその主要部分、心臓は、コーカスで行われている。でもそのことは裁判所が出すパンフレットやDVDなどの広報資料では説明していない。例えば、日本の裁判所が出している民事調停のパンフレット。「調停は主に別席で行われています」と正直に書いているパンフレットを僕は見たことがない。もしあったら教えてもらいたい。それどころか、そのパンフレットにある調停のイメージ図では、1人の調停担当裁判官（調停主任）、2人の調停委員のほか、中立人と相手方が同席しているはずだ。これは間違いではない。イメージは確かにこれでいいのだが、実際に調停の期日の中心の話し合いは、2人の調停委員、1人の当事者で行われているはずである。言いたいのは、モンゴル人たちは、日本の支援によって調停を導入したが故に、形式的な日本の公式見解、建前としての調停運営を、そのまま実際の日本の調停であると思い込んでいた。一部の人は本音の部分に気がついていたが、大多数の法律家は気がついていなかった。外国の公式パンフレットを見て、それとは違う、裏を読めというのはあまりにも無理な要求だ。その後、調停法が成立してモンゴルの調停が確立されてからは、僕たちも「日本の本当のやり方はこうしている」と説明していて、これは今ではかなり浸透していると思うが、この当時のモンゴルでは基礎的な調停のイメージを作り上げることが先決であり、細かい実情の説明をする余裕はなかった。モンゴル側のこの誤解（正確にいえば誤解というよりは、本来の日本の法律の趣旨でもあるのだが）を利用しない手はないのだ。

つまり、別席をどうしても避けたい僕、そして、同席が当然だと思っているモンゴル。この思惑は、結果としては一致していた。そして、調停手続についての起草を一任されている今の状態は、かねてからの僕の理想をモンゴルで実現させることのできるまたとない機会だった。

調停法24条2項は次のように定めている。

「調停は、当事者同席を原則として行われる。調停人は、必要な場合にのみ別席調停を行うことができる」

この条文は僕が起草した内容そのままで、ほかの起草委員からも国会からも一切異議が出ることなく法律となった。この条文は、僕のモンゴルでの2045日の「個人的な」集大成だといえる。なんと、2011年の段階でもう集大成ができてしまった。それでは後は何をしていたのかというと、集大成を集大成たらしめるための作業、つまり調停を本当にモンゴルに普及させて、モンゴルが調停なくしては成り立たない社会になるように仕向けていく仕事をしていたのだ。

さて、その結果どういうことになったか。調停法が施行されてから、モンゴルの調停は当然ながら同席で行われている。別席調停は家事事件の一部を除いてほとんど行われていない。日本では、同席にすると意見を率直に言えない、相手に対して萎縮してしまう、感情的になるなどと言われる。同席にするとかえって紛争が混乱してしまい、解決に時間もかかるという意見だ。でも、モンゴルを見ていただきたい。モンゴルでは、法律上、調停事件は原則として30日以内に処理しないといけない（1回は延期可能）。この定めも関係しているが、2015年の1年間で約1万5000件の調停事件を受け付けているのだが、1回の期日だけで終了している事件が大半を占めている。しかも民事事件についての調停での和解成立率は約85パーセントである。この結果を見ていただければ、同席は不都合であると言えないと思う。

モンゴルでは、2010年の段階ではほとんど調停は知られていなかった。調停について否定的な意見も多かったのは前に書いたとおりだ。この段階では現状の調停の発展はモンゴル人の誰もが想像もしていなかったはずだ。僕たちは、こうだと思い込んでしまったら、思考がとらえられてしまいがちだ。同席調停も同じことではなかろうか。僕は、日本における同席に対する批判も、ある意味で思い込みではないかと考える。もっと正確にいえば、同席がよいとモンゴルでは思い込まれていて、別席がよいと日本では思い込まれている。僕は、思い込みを外してしまえばどちらが優れたシステムなのか、一度検証してみる必要があると考えている。

さて、同席を定めるこの条文以外にも、僕の味というか個性が出てしまっている調停法の条文がある。法律起草で個性など出してはいけないのだが24条3項は次のように定めている。「1回の期日にかける時間は、当事者双方の主張を十分に聞き取り、相互理解のために十分であることが望ましい」。「望ましい」という書き方をしている法律を僕はモンゴルで見たことがない。でも、「絶対ではないけどこうしてね」という僕の気持ちを表現したら、こういう書き方になった。モンゴル側にも珍しい書き方だと思われただろうが、確かに書いてあることはもっともだし、あえてあげつらって異論を唱えるのも面倒だったのだろうと思う。もちろんちょっとペンを執れば「調停人は、1回の期日に、主張を聞き取り、相互理解するための十分な時間をとる」などと修正することもできただろう。でも、そう書き直すことすらどうでもいいと無視された結果、今の法律に残っている。僕の個性であり、当時の僕を思い出すとともに、ちょっと恥ずかしい気持ちになる。

このときの法律案は予定どおり2週間以内に作成を終えて、大統領府に送られた。2011年6月30日に、大統領は、調停法案を含む司法改革法案（合計6法案となった）を国会議長に提出した。このときには春国会での審議はあきらめられており、秋国会での審議が予定されたうえでの法案提出だった。当時は、2011年9月末までに法案審議委員を国会議員の中から選び、10月から審議に入る予定で、早ければ、2011年10月ごろに正式に法律が成立する見込みだった。しかし、その後、審議は遅れ、何度か法案審議委員会から法案の差し戻しも受けた。結局、その年の年末近くまで、僕は、主にバヤルツェツェグさん、アマルサイハンさん、ゾルザヤさんといったメンバーと一緒に調停法を作り込んでいった。2週間の予定が、結局、6か月以上をかけて起草作業をしたことになる。起草にあたってはプロジェクトアシスタントのトゴスさん、ゾラさんも下調べを含めて法案起草の仕事を助けてくれた。夜遅くまで議論を続けたことも何度もあったが粘り強く付き合ってくれた。

その後、2012年の春国会で調停法は成立することになる。議会で国会議員による細かい修正がなされるなどしたが、2012年5月22日、調停法が成立した。プロジェクト開始からちょうど2年、当初の法案起草の要請から1年が過ぎた時期だった。その日は実は、プロジェクトフェーズ1終了の6か月前ということで、日本から終了時評価の調査団を受け入れている最中だった。調査団はプロジェクトの評価と今後の継続の方針を決定する。調査団としても、調停法案の提出まではわかっていたが、法案提出と成立は全然レベルの違う話であり、この時期に調停法が成立したことは彼にとってもインパクトがあったと思う。

法案の提出や、もっと控えめに法案の作成までは、どんな専門家でもある程度やりこなせる。でも、法律の成立はちょっとわけが違う。その時々の政治状況に左右され、何より運不運が大きい。国家の危急の問題に関わる法律や国民の注目を集めている法律であればともかく、そのような法律はそれほど多くないから、ほとんどの法律の制定というのは、運次第ということになる。モンゴルにも、いくら待っても国会で審議されずにそのうち忘れられていく法案がたくさんある。調停法案は、その点でも非常にラッキーだった。大統領の司法改革の目玉法案と位置づけられ、審議の優先順位も高かった。

調停法制定後は、その施行時期に合わせてパイロット・コートを解消していくこととなり、次の僕の仕事は、調停法施行後の全国の裁判所での調停開始の準備に重心が移っていくこととなった。

このように、調停法の成立は、プロジェクトで最も重要な事件だった。調停法によって今のモンゴルの調停システムは成り立っている。この調停法に、誕生段階から関われたこと、これはモンゴルの仕事に僕が納得できている大きな理由の一つだ。僕は、裁判所を退職してロースクールに入って弁護士になりモンゴルに来た。2004年にロースクールに入って法律家を志したが（いや、もっといえば、はじめのほうで書いたように大学卒業後から一応志すそぶりは見せていたのだが）、「おまえはモンゴルのプロジェクトでの仕事をするためだけにロースクールに入って弁護士になったのだぁ」と法律の神様に言われても、僕は、多分「はあ、そうですか」と納得できる。しょうがないというか、むしろ「モンゴルでの役目のために、僕をまぐれで弁護士にしてくださったのですね」と感謝すらする。それほど、モンゴルでの調停法に、というか、裁判所調停のはじまりから全国展開に至る時期の調停制度の構築に深く関わらせてもらったということは僕にはとても大きなプレゼントで、これだけでも、明日弁護士資格を失っても、とても困るけれど、納得できたうえにおつりがくる。調停法は、完成度が高いとはいえない法律かもしれないし、内容にはよく見ればミスもある。でも、この法律でモンゴルの調停システムが動いているという現実を実際に間近で見てきた僕には、調停法のできが悪いなんてことは言えない。「なんてよくできた、みんなの役に立っている、良い法律だろう」と、自分の息子を見るような目で贔屓《ひいき》してしまう。

スフバートル広場のイベント

僕がプロジェクトを進めていくうえで、重要だと考えていたことの一つが「新しいことをやる」ということだ。なぜそう考えるようになったかというと、新しいことをやれば、プロジェクトに携わる人が生き生きしてくる。モンゴルでは、同じ仕事をこつこつやるよりも次々と目新しい企画をぶつけていったほうが、失敗もあるかもしれないが、全体としてみんなの動きがよくなり、仕事の効率も上がる。ただし、新しいことをやるというのは簡単だけど、実際に実行するのは、これがなかなか難しい。新しいことを考えること自体は楽しいが、ちょっと油断すると変なところから横やりが入ったりするし、やはり新企画というのは失敗も多かった。でも、僕は、自分も含めてプロジェクト関係者全体が今の仕事に慣れないように、ルーティンにならないように常に意識して無理くり新しい企画を出し続けた。それら新しいことのレベルは、例えばオフィスの椅子を一新するといった小さなことから、税金調停を導入するといった大きなことまでさまざまなのだが、これらのなかでも比較的成功したと思う企画の一つが２０１２年10月に行った、スフバートル広場での調停広報イベントだった。

スフバートル広場というのは、旧ソビエト連邦の「赤の広場」をモデルに造られた首都の中心にある広場だ。現在は「チンギスハーン広場」と改称されたが、「スフバートル」というのはモンゴルの社会主義革命の指導者の名前である。この国の中心の広場、日本でいえば皇居前広場か日比谷公園のような（これらよりも訴求力というか中心感はあるが）場所で調停のイベントをしたら面白いだろうなというアイデアで、正直にいうと、はじめに思いついたのは僕の妻だった。

２０１２年５月に調停法が成立して翌年には調停が施行されるという時期で効果的な広報活動を行いたいと僕は常に考えていた。それまでも、テレビでＣＭを放映したりパンフレットやポスターによる広報活動は行っていたのだが、テレビＣＭというのは、ＣＦ制作費はともかく放映料がばか高く、予算の関係で効果的な放映ができていなかったし、パンフレットやポスターについても、効果がないということはないのだが裁判所などでこれらを実際に見たり手にしたりした人にしか訴求できない点で不満があった。もっと一般の人に調停を知ってもらうような方法はないだろうかと考えていて、そのことを家に帰って話しているうちに、妻がふと「スフバートル広場でイベントやったらいいんちゃう」と言ったのだ。僕は「それはいけるかも」と思った。スフバートル広場では、各種展示会などのイベントがよく開催されている。例えば、全国物産展のようなものとか、役所のイベントとかけっこういろいろやっている。調停は国の肝いりの制度であるし、イベント開催自体には問題はないだろうと踏んだ。それに、このようなイベントを行うとマスコミも呼びやすい。プロジェクト後半には、イベントを行うと連絡するだけで多数のマスコミが取材に来るようになっていた。でも、このころはまだ調停は知名度やニュース性に乏しかったので、マスコミを呼ぶことは一苦労だった。例えば、年に数回、日本の弁護士などにＪＩＣＡの短期専門家として1週間ほどモンゴルに来てもらい、研修の講師やシンポジウムへの参加をお願いしていた。こういった機会に調停の広報をしようとマスコミに知らせるのだが、ただ知らせただけでは記者は来てくれない。今なら考えられないことだが、当時、僕たちは、記者たちに取材費としてお金を支払って取材に来てもらっていたし、記者を接待するために食事の用意さえもしていた。しかし、スフバートル広場のイベントであればテレビニュースで放映されると思われる。ニュースは全国区の放送が多く、広報として非常に効果的で、しかもＣＭと違って放映料はタダである。計算すると、スフバートル広場でのイベントにかかる費用を使って放映できるＣＭは、まあ、どれだけ値切っても15秒50回程度。ニュースだと一つのニュースが何度も放送されることもあるし、インタビューなどが入れば放映時間が数分になることも予想される。ＣＭよりも中立性があるように見えるので信頼性が高いうえ、複数のテレビ局で放映されるという意味でも広く広報できる。テレビだけではなく日刊新聞なども取材に来るだろうから、それらの費用を含めると、イベントに伴うマスコミの広報効果だけでも、収支はプラスになると考えられた。これにイベントそのものの集客が広報の効果として加わる。例えば１０００人をイベントに呼ぶことができれば、ウランバートルの成人人口が１００万人として、大ざっぱに見積もって１００人に１人がイベントに参加したといいうる。これはなかなかの宣伝効果だ。スフバートル広場のイベントはウランバートルの多くの人が知ることになる。調停の重要性を議員や政治家にもアピールできるかもしれない。

こういった思考を一気に巡らせると、スフバートル広場のイベントというのは、斬新だし、とても良いアイデアに思えてきた。これまで、調停プロジェクト以外にもあまたあるモンゴルのＪＩＣＡプロジェクトで、スフバートル広場のイベントを仕掛けたところはほとんどないだろうという面白さもあった。

早速、翌日から僕は広場でのイベント開催に向けて動きはじめた。まず、そもそも広場を貸してもらえるのかどうか確認しないといけない。広場の管轄がウランバートル市であることはすぐにわかった。ウランバートル市の担当者と何度か面談して、広場をイベントで使用することについては了承を得た。もちろん使用料金も必要だが想定の範囲内。ただ、問題は、予定していたイベント開催日である10月12日には住宅展示会イベントの予定が入っており、希望していた広場全体の使用はできず、住宅展示会と並行して、広場南側の一角を使用することとなった。市役所との間では、許可そのもの以外にも、公園を管轄する警察駐在所への届出、電気代金の支払い、清掃業者への依頼などいろいろと細かい手続きが必要だったのだが、それらについてはスタッフや時々は僕自身が担当者と調整してなんとかなった。広場が使用できるとしても、ステージなどは別に準備する必要がある。まず、野外ステージをレンタルする会社に連絡し、ステージとそれに付属するスピーカー、大型モニター、テント、椅子などの備品を押さえた。机、椅子は、安く上げるために、裁判所に相談して国立法律研究所の備品の机と椅子も借りることにした。もっとも、大量の椅子や机を自分たちで広場まで運ばないといけないので当日は大変な苦労をすることになったのだが…。ハードの次はソフトである。まず、人集めのためにステージでミニコンサートを行うことにした。どの歌手にお願いするかだが、モンゴルの有名歌手を呼ぶことにした。ギャラはけっこうするが人気のない歌手を呼んで人が集まらないよりはいい。ほかには、ステージで調停の意義を語ってくれる話し手が欲しい。これには、最高裁民事部長のウンダラハさん、最高裁判事のトンガラグさん、法務大臣のテムジンさん、弁護士会会長のプレブニャムさんらに参加してもらう手はずを整えた。彼らは日ごろから仕事で顔を合わせていてよく知っている人たちだったから快く応じてくれた。仕上げに日本大使館にイベントの後援を依頼し、当時、ちょうど、日本とモンゴル外交関係樹立40周年の年であり、その記念事業として後援を得ることができ、大使館幹部にもイベントに参加してもらった。

細かい裏方の仕事は、ゾルザヤさん指揮の下で、調停人、裁判官、裁判所書記官、弁護士の有志にボランティアとして手伝ってもらった。また、イベント開催時間中に無料法律相談をすることとした。さらに人集めのために、お菓子などの景品が当たる「調停クイズ」を行ったり、10月半ばはモンゴルでは気温がマイナスにもなる寒い季節なのでスーテーツァイ（モンゴルのミルクティー）を来場者に振る舞ったり、子供向けに調停のシンボルマークを入れた風船を製作して配ったりすることとした。当然のことながら、調停のパンフレットも配るしポスターも貼りまくる。こういったアイデアを思いつくのは簡単だが、実際にモンゴルでこれらを滞りなく準備して実現するのは相当に手間がかかる作業であり、テントの設営や椅子・机の設置、クイズの景品の買い出しや、お弁当の手配、風船の準備といった細かい作業は、とてもプロジェクトだけでは不可能で、ボランティアの裁判所や弁護士の有志の助けがなければ到底実現できないものだった。例えば、僕の思いつき、風船一つとっても、どのくらいの個数必要となるか想定して複数の業者から見積りを取り、風船に印刷する図柄を準備してこれを印刷し、風船の持ち手をどの種類のものにするか考え、風船を膨らませるボンベをレンタルするといった具合で相当面倒なのだ。

イベント当日の問題はけっこう寒かったこと。気温はマイナス10度近くになっていた。厚手のコートなしでは外にいられない。前日深夜からステージの設営、当日は朝早くからみんなで机と椅子の搬出を行った。大変な作業なのだが、皆さんの協力でスムーズに進む。このときの僕の関心は、お客さんが来てくれるかどうかということに尽きる。急に寒くなった時期で客足が鈍らないか心配だった。イベント告知のCMを前日に流して観客を誘っているが効果はあるのか。

結果としてイベントは成功した。1000人以上の来場者があり、200人以上が法律相談に参加してくれた。もちろん、イベントは多数のテレビやラジオ、新聞で報道された。

ところで、このイベントを語るうえで忘れられない出来事がある。僕は、日本の支援を積極的に広報することに、当初、なぜか抵抗があった。なぜだかわからないが、妻と話していて「日の丸の旗もモンゴル国旗と並んで立てて目立たせろ」と言われたときに、非常に反発を感じてしまったのだ。小中学校までの教育というのは恐ろしい。大変恥ずかしい話なのだが、僕は日教組が隆盛を誇っていた時代に義務教育を受けた世代である。日の丸というだけで、なぜか、理由はわからないのだが、反射的に拒否反応が起こる。モンゴルで暮らしていると常にモンゴル国旗を意識させられる。例えば裁判所長など偉い公務員の執務室には国旗が置いてあるし、モンゴル国章が飾られていたりもする。モンゴルでは当然のことだ。僕は、モンゴル国旗に対しては全く抵抗がないくせに、その当時までなぜか日の丸には抵抗があった。「私は君が代を弾きません」と宣言していた中学の担任の音楽教師の顔が思い浮かぶが、当時からその先生の振る舞いをおかしいと思っていたくせに、いまだに日の丸に対する抵抗感があることにこのとき気づかされた。妻は僕のこの理由なき抵抗感に即座に反応して「なぜ日の丸を飾ることがおかしいのか説明しろ」と追求してきたが、僕は論理的に返答できなかった。論理的に出てきた考えではないのだから当然である。そして、言うに事欠いて「日の丸はいびつだから…」と答えた。そう口に出した直後、我ながらその答えのあんまりな不合理さを自覚できたからなのか、その後の妻の勝ち誇ったような説教を経て、割り合いすんなりと日の丸を受け入れることができたのだった。今では、自信を持って日の丸に対峙《たいじ》できていると思うが（もっとも、このようなことに自信を持つ必要があることそのものが異様な状態ではあるのだが）、後日、この話を知人にすると、「日の丸って、いびつどころか、めっちゃ対称やん」と一刀のもとに切り捨てられた。全くおっしゃるとおりだ。

インターン

プロジェクトでは２０１２年から２０１４年まで、主に毎年9月から12月にかけて、学生のインターンを受け入れていた。モンゴル国立大学内に名古屋大学日本法教育研究センターという機関がある。ここでは、モンゴル国立大学法学部の学生に対して日本語で日本法の授業を行い、卒業生は試験を経て名古屋大学をはじめとする日本の大学に留学している。このセンターの学生は日本語がとてもうまい。大学に入ってから日本語の勉強をはじめたという人が大半だが、3年生、4年生になると日本語の法律専門書を読んでその内容について議論し、レポートを書けるまでになっている。インターンに来るのは、この日本法教育研究センター所属の学生が大半だった。国立大学法学部は5年制であり、5年生の段階でインターンの単位が認められている。インターン先としては、裁判所、検察庁、弁護士事務所といったものが多い。日本法教育研究センターの学生は、毎年5年生は10人もいないのだが、しかし、そのうちの何人かはうちのプロジェクトにインターン希望を出してくれていた。プロジェクトでも国立大学と契約してインターン学生の受け入れをしていた。6単位の単位認定がなされるうえ、細かくインターン中にやるべきことが決まっていて、成績評価もしないといけない。僕にとってはそれなりに重たい仕事だった。

もっとも、JICAモンゴル事務所としては、このような仕事は仕事ではなく僕の趣味でやっている余技という位置づけだっただろうから、インターンの受け入れとか実習生の受け入れに関しては少なくとも担当者レベルでは否定的だった。「そんなことをする前にしてもらうべき仕事がある」と言われたこともある。これは、僕なりに翻訳すると経理事務を締め切りまでにきちんとしろと言っているわけだ。僕は経理というのは本当に大嫌いで、大嫌いなうえにいつもそのやり方を巡ってJICAモンゴル事務所の経理担当者と争っていた。もちろん、そんなことで争っても益はないのである。結局負けてしまうのだが、それでも、僕の意識では、到底モンゴルで処理不可能なむちゃなことを要求する担当者に対して反論せずにはいられなかった。その担当者からしてみれば僕がむちゃをしているのであるが。僕もそんなことは十分にわかったうえで毎回反論しているのだが、そのあたりの機微は相手にあまり理解してもらえなかった。

話は大分それたが、インターンのことだ。2012年、はじめに受け入れたのは3人の学生だった。Hさん（女性）、Dくん（男性）、Tくん（男性）だ。

Hさんは、前年の夏ごろ、プロジェクトがはじまった当初からオフィスを尋ねてきていた。話をすると、日本の調停に関心があるらしく、調停を研究テーマとして日本の大学院に留学したいとのこと。僕は、オフィスにあった調停関係の書籍を貸し、日本から先生を招いて研修をする際オブザーバーとして参加を認めるなどの便宜を図っていたが、インターンも希望したので受け入れることにした。Hさんの性格は、まじめで一本気。裁判官向けの調停の研修なのに、裁判官を差し置いて真っ先に日本人の先生に質問をし続けるなど、本当に調停が三度の飯より好きという人だった。その後も順調にHさんは調停について研究を進め、今では、日本で修士課程を経て大学院博士課程に進んでいる。研究テーマである調停については、もはや僕よりもよほどプロフェッショナルというか、知識が豊富なのは間違いない。

Dくんはとても器用な人で、いろいろなことに関心を持っている。それがいい点でもあり悪い点でもあるのだと思うが、なにしろ法的な思考能力というか、器用さはずば抜けていて、学生向け、法曹向けを問わず、さまざまな懸賞論文に応募して賞をかっさらっていく。彼が使っているノートパソコンも、電子辞書も懸賞論文の賞品だ。名古屋大学の大学院留学試験が例年1月にあるのだが、その直前になって、彼はこれまで準備していた研究計画を急きょ別のテーマに手直ししはじめた。「先生見てください」と言うので読んでみると、非常によくできている。以前のテーマよりも幅広く受け入れられそうな印象がある。相手の要求に応じて自分を合わせていくというのは、入社試験などでも重要な高度なテクニックだと思われるが、彼が、懸賞論文で賞を荒稼ぎする理由もわかった気がした。Dくんも、現在、日本で修士課程を経て大学院博士課程に進んでいる。

Dくんのおかげで、僕はモンゴルの法律家の世界で懸賞論文がメジャーな仕組みであることを知った。そして、プロジェクトでも懸賞論文の募集を行おうという企画を考えることができた。実際に懸賞論文の企画を実現するにあたっては「モンゴル・日本法律家調停人協会」という団体が関係している。この団体は2014年の12月に正式にモンゴル国の非営利法人として登録されたのだが、モンゴルと日本それぞれの国の法律実務家や研究者の研究と親睦を深めるために設置された団体だ。設立にはモンゴルと日本双方のプロジェクト関係者が主に関わった。この協会とプロジェクトの共催で、2014年を第1回として毎年秋に「調停」懸賞論文大会を開催している。プロジェクトが協会と組むことにはお互いにメリットがあった。一般に懸賞論文を募る場合、賞品か賞金を出す必要がある。モンゴルでは、賞金は50万MNTとか100万MNTというキリのよい金額であることが多い。100万MNTといえば日本円で約6万円だから、まあ、妥当というかそれほど高額でもないといえるだろう。賞品の場合はノートパソコンなど賞金と同額程度のものとするのが相場だ。この賞金・賞品だが、プロジェクトとしてはこれらを提供することはできない。前にも書いた継続性と絡んでいると思うのだが、ともかく賞金・賞品の提供をしてしまうとJICAのルール違反となる。しかし、賞金・賞品なくして応募作品が十分集まるはずがない。そこで思いついたのが協会の利用だった。2014年は日本人会員から、2015年はモンゴル人会員からそれぞれ寄付してもらって賞金にした。これで、懸賞論文大会は成り立つ。さらにプロジェクトからは、論文の最優秀者を本邦研修に推薦することとした。本邦研修を賞品にするというのもＪＩＣＡとしてはイレギュラーで、あまりほかには例のないことだと思う。しかし、ＪＩＣＡ本部の理解もあって認めてもらえた。このように、プロジェクトとモンゴル・日本法律家調停人協会が協力することで、Ｄくんから発想を得た懸賞論文大会が実現できた。

Ｔくんは裁判官志望の学生だった。Ｄくんと一緒に熱心に懸賞論文に応募してやはり多くの賞を取っていたし、刑法に関する論文を本にして出版することを試みるような知的かつ積極的な青年だ。彼も、Ｈさん、Ｄくんと一緒に日本に留学して修士号を取り、今はモンゴルに戻って活躍している。

２０１３年には、ＧくんとＮさんがインターンに来た。受け入れ2年目ということもあり、僕もインターン学生に対する教育というものをある程度考えるようになっていた。前年はきちんとインターンの教育計画を立てておらず、プロジェクトが行う調停関連のセミナーや研修で日本人講師の通訳をしてもらうなど、日常業務を手伝ってもらうことを中心としていたのだが、この年からは、学生主催のセミナーを開催してテーマを決めて発表してもらうなどした。彼らは的確にその趣旨に反応してくれていたと思う。現在、Ｇくんは法律実務家としてモンゴルで活動しており、通訳や調査など、僕の仕事でもお世話になっているし、Nさんは日本の修士課程に留学している。

2014年には、Eくん、Mさん、Zさんがインターンに来た。この年も、日本に留学したい学生を対象として日本留学の魅力や注意点について説明する「留学セミナー」を開催して彼らにセミナー運営を任せることとした。自分たち自身まだ留学していないのにもかかわらず、日本留学の注意点などを先輩学生から聞き取るなどしていて、面白いセミナーができたと思う。そして、結局、この3人も全員日本に留学することができた。

プロジェクトでインターンをした学生は、モンゴル国立大学法学部の5年生だけでも8人になる。このうち7人が日本に留学することができ、残る1人もモンゴルで法律家として活躍している。彼らに対して、僕は、何かを積極的に教えたことも、こうしろ、ああしろと言ったこともほとんどなかった。うちのプロジェクトのインターンの特徴は、たぶん何をやっても自由だったことだ。基本的には放任主義で、彼らは自分がそのときにやるべきことを自分なりに見つけていったのだと思う。こういった手法をとれたのは、彼らの優秀さに負うところが大きい。僕は、彼らと一緒にいて本当に楽しかった。秋になって、彼らがオフィスにやってくる。毎日、適当にだべって、適当に勉強して、時々僕に質問して、割り振られた仕事があればそれをしているのを見ているのが僕には面白かった。彼らの研究計画について、ああだこうだと議論するのも楽しかった。モンゴルの法律についても、疑問点をしつこく彼らに確認したりして、教えているのか教えられているのかわからない感じ。そうこうしているうちに、やがて冬が訪れて彼らが留学試験の準備に追われるようになったころ、インターンの期間が終わってしまう。こういう感じだったから、インターンに来てくれた学生たちについては、僕には良い思い出しかない。

日本の消防車

モンゴルには日本の消防車がたくさんある。実は消防車以外にも、ゴミ収集車などの日本の特殊車両というのは多くモンゴルに渡っているのだが、消防車に限っていえば、これは日本のＯＤＡの成果だ。

ウランバートルのチンゲルテイ区、つまり最高裁や首都控訴審裁判所や当時の僕のアパートがある地域の消防署にもＪＩＣＡの支援で配備された消防車がたくさんある。２０１１年のことなのだが、ＪＩＣＡからモンゴルの消防署に日本の消防車が贈られた。このとき贈呈式に参加したＪＩＣＡ本部の管理職と会食する機会がたまたまあったのだが、僕は、内心では「モンゴルでは火事なんかほとんど起きないし、高価な消防車を贈るなど無意味なＯＤＡだ」とうそぶいていた。もっとも実際、モンゴル都市部では漏電が多く、火事はたくさん起きていて、その後も大きな市場が燃えたり、建設途中のホテルが燃えたりしている。僕も赴任当初、ホテルのコンセントが火を噴いたこともあり、漏電の怖さを知っていたはずなのだが、このときはそういう記憶も薄れていたようだ。でも、災難は忘れたころにやってくる。今火事がないから準備を怠るというのは愚の骨頂だと思い知らされた事件があった。

２０１２年11月12日のことだ。プロジェクトフェーズ１の終了が２０１１年11月10日だから、フェーズ１が終了して、翌年４月１日から開始するフェーズ２とのつなぎ期間の専門家として僕は引き続き仕事をしていた。その日に限って、僕は携帯電話を家に忘れて出勤していたのだが、朝11時ごろ、オフィスにＪＩＣＡモンゴル事務所から電話がかかってきた。「奥さんからの電話で、岡さんのアパートが火事になっているということです。すぐに行ってあげてください！」とのこと。すぐにオフィスを飛び出して、走れば２、３分の自宅に向かった。

アパートの前には消防車が何台も到着していて、放水している。自宅のある4階を見ると、2階あたりから出火していて、そのまま煙が上階に達している様子。妻が部屋にいるはずだが、この日に限って僕は自分の電話を忘れるという失態で連絡もとれない。火元の2階は、ほとんどくすぶっているだけの状態と判断して、僕はアパートに突入することにした。火元の2階までは見通しもよく問題なく駆け上がれたのだが、そのあたりから上は煙が充満していた。モンゴルの家はコンクリートやれんが造りで火災の熱で倒壊する以外には、延焼というのがあまりないのだが、煙は恐ろしい。火災によって、たぶんプラスチックをはじめとする「燃やしたらいけないゴミ」系のものが燃えることで有毒ガスが発生していると思われる。姿勢を低くしながら階段を駆け上がった。周囲は煙で視界はほとんどない。最後は半ば手探りのような状態でドアの鍵を開けて部屋になだれ込んだ。妻は割と平静を保っていて、すべての窓を開放して煙が室内にとどまらないようにしている。風呂にも水を張っているようだ。話を聞くと、何か下の方がばたばたしはじめて、何事かと思っていたとのこと。そのうちに、なんとなくリビングが煙たくなってきて「あほな住民がゴミでも焼いている」と思っていたが、消防車の音が聞こえてきて火事だと察したらしい。ドアを開けてみると、まだ煙は充満しておらず、とりあえず僕に電話しようとしたのだが、僕の電話は家に忘れている状態。それでやむなく脱出しようと思ってドアを開けると、たった数分のうちに廊下は真っ黒な煙が充満していた。階段を駆け下りようかとも思ったが、もし下の方の火勢が激しくて立ち往生したら進退に窮すると思い、いったんドアを閉め、風呂に水をため、部屋の窓を開けていた。そのときにたまたまＪＩＣＡモンゴル事務所の担当者が僕に所用があって電話してきたので、僕への伝言を頼んだとのことだった。さっきの火元の様子だと、火はほとんど消えていてくすぶっている状態なので、この場にこのままいてもなんとかなるだろうと思った。でもいつ完全に消えるかわからないし、とりあえず煙で気分も悪くなってきて体にも悪そうなのでいったん脱出することにした。タオルを水に浸して口にあてて階段を駆け降りた。その様子を見ていた消防士は、「さすが日本人は火事の恐ろしさをよくわかっている」と褒めてくれていたらしい。タオルで口を覆っていただけなのだが、まあ、褒められて悪い気はしない。

その後、そのままゆっくりめにレストランで昼食をとって自宅に戻ったのだが、完全に火は消えていて煙もなくなっていた。ところで、このときに駆けつけてくれていた消防車が、日本の支援で前年に配置されていた消防車だったのである。あのとき、あんなにひどいことを考えていた消防車に助けられた。やっぱりむやみにひねくれることはよくない。

この2012年というのは僕らにとっては火難の年で、その後、僕たちは大家の求めで同じアパートの別棟の今度は8階に引っ越したのだが、引っ越し直後にやはり下の階で火災が発生した。このときもぼやで終わったのだが、僕たちはモンゴルではあまり高い階には住みたくないと思うようになり、次に引っ越したアパートは3階に決めた。高いところにある部屋は、下の階が多くて火事に巻き込まれる確率が高いうえ、万一閉じ込められたときに脱出が不可能になる。8階に住んでみてわかったのはアパートの造りからみてもちょっと高すぎること。不安定だし、高さ的に仮にはしご車が来ても救出される見込みが低いと思われた。3階なら最悪窓から飛び降りても命は助かる。なお、もっと下の階は防犯面など治安上よろしくないことから、3階というのは、一番望ましい階だったのだ。このように、モンゴルに慣れてしまうとついつい忘れそうになるのだが、やっぱりモンゴルの生活というのは日本とは大分違っていて、危険はあちこちに潜在化している。つまり、実は平穏に見えても、仕事もせずに単に時間をつぶしているだけのように見えても、途上国で働くということは、そこにいるというだけで大変なことであり、毎日が命がけだといえなくもない。

2回目の専門家応募

連続してモンゴルにいたので目に見えないのだが、実は僕は2回ＪＩＣＡ専門家をしている。1回目は２０１０年5月10日から２０１２年11月10日までの2年6か月間。これは当初定められた専門家の任期（調停制度強化プロジェクト（フェーズ1））である。その後、２０１２年になって、プロジェクト終了時の調査団が日本から派遣されてきた。その中でプロジェクト継続の必要性が認められ、２０１３年4月1日から２０１５年12月15日までの2年9か月間、後継プロジェクト（フェーズ2）が行われることが決まった。フェーズ2の実施が決まったのだが、このフェーズ1とフェーズ2の間の空白期間である11月から3月の5か月弱についても、専門家が常駐することが必要であると判断され、僕が任期を延長して対応することとなった。区切りなく調停プロジェクトは継続することとなったわけで、これ自体はとてもありがたいことだった。ただ、僕にとって問題があった。フェーズ2は、フェーズ1の後継プロジェクトとはいうものの、長期専門家を同一人物にする決まりなどは全くないのだ。当然、ＪＩＣＡは、新たにモンゴルに駐在する専門家を選び直すこととなる。

しかし、このころの僕は、どうしてもフェーズ2の専門家としてプロジェクトを引き続き担当したかった。何もなかったところからはじまった調停プロジェクトは、当時、調停法が制定された段階であり、これから実際に全国の裁判所で調停が行われていくことになる。制度のはじめから関わってきた身としては、全国で制度が実施されていく状況をどうしてもこの目で見てみたいと思った。そして、僕には、調停プロジェクトはフェーズ2で終了するだろう、フェーズ3はありえないと予想できていたから、プロジェクトを最初から最後まで全うしたいという欲もあった。さらに、個人的事情を述べるならば、当時はモンゴルにもようやくなじんできたころであったものの、モンゴルをネタにして日本で自分自身の仕事をする力量はまだ僕にはついていなかった。このままモンゴルでの3年弱の任期を終えて日本に戻っても、モンゴル法の専門家として弁護士でもコンサルタントでもよいのだが、お金をもらって仕事をできるだけの知識も人脈もまだついていない。しかし、あと2年半モンゴルで生活できるならば、これらを身につけるチャンスはあるのではないかと思いはじめていたのだ。このまま日本に戻っても、じり貧であることを僕は自覚していた。モンゴル法もよく知らず、日本の法律実務もモンゴルでの3年弱で忘れてしまっている。もっとも、もともと日本の法律すらあまり知らないのだけれど。こういった事情で、僕は、どうしてもフェーズ2の専門家となりたかったのだ。

しかし、JICAや、僕をJICAに推薦してくれている日本弁護士連合会の立場になって考えればわかることだが、同じ人物が2度も連続して専門家となるのは好ましい状況ではない。弁護士が途上国で駐在経験ができるポストというのは非常に少ない反面、近ごろでは海外で働きたいと思っている弁護士はとても多くなっている。彼らはできるだけ多くの人に多様な経験をさせたいと考えているはずだ。そうであれば、3年弱も専門家をやっている僕はとても不利な状況にある。別に無理して僕を選ぶ理由がないことも自分のことだけによくわかる。これはなんとかせねばならない。ということで、僕は専門家の公募が出たと同時にいろいろと動き出した。まず、モンゴル側から僕が求められていることを示すために、モンゴルの最高裁、弁護士会に依頼して推薦状を書いてもらうことにした。こんなものがどれだけ役に立つかわからないのだが、マイナスにはなるまい。さらに、情熱を傾けてけっこう長文の企画書を書き、面接で聞かれるであろう志望動機なども想定問答を作るなど、僕にとってはこれまでしたことのないような努力もした。

英語能力だけは、公募の条件としてそこそこの英語力を要請されているのだが、これは逃げ切るしかない。僕は中学生のときに受けた英検4級という資格しか持っていない。これまで公務員試験とか法科大学院入試とかで英語の試験も受けてきたが、それなりに点数は取っていたと思う。でも、マークシートのような試験であれば勘で解答できるが、僕の実際の英語能力というのはひどいものだ。2010年にJICA専門家に内定した後、「海外で働くのであれば英語も必要だろう。試しに実力をはかってみよう」と思い立ち、TOEICを受検したことがある。そのとき、下から数えて3パーセント以内というある意味エリートな点数を取って、「ああ、このことはJICAには黙っておこう」と考えたことがあった。そういう悲惨な状況だったが、結論からいうと、フェーズ2の面接で「英語能力は証明できませんか？　証明できないとマイナス評価になります」と尋ねられて「…証明できません」と答えたにもかかわらず、結果としては合格できた。

ここでJICA専門家の語学力について述べたい。JICA専門家になるには語学力が必要だと一般には思われている。しかし、実際には僕のような語学力の専門家もいる。そして、モンゴルでの仕事はほとんど日本語だけでできる。モンゴル語を話す日本人弁護士というのは恐らくほとんどいないことから、プロジェクトスタッフに通訳してもらうことは当初から予定されていた。しかし、もちろんモンゴル人にも英語ができる人は多いので英語ができて悪いことは一つもないし、さらに、仕事の上で、英語で話さざるを得ないときもある。例えば、それは外国人と話すときで、JICA専門家として仕事をしていると年に何回かはモンゴル以外の外国人と話をせざるを得ないことがあった。

僕は、悪度胸だけはあるので、赴任中にオーストラリアの最高裁判事が面会を申し込んできたときには、英語からモンゴル語（ここまで英・モ通訳）、モンゴル語から日本語（ここまで日・モ通訳）という二重通訳を押し通して切り抜けた。まさか英語をしゃべれない人が日本のODAプロジェクトを任されているとは、彼は思いも寄らなかっただろうと思う。また、最近、僕は、Google翻訳なども活用していて、面談の場にパソコンを持ちこんで、相手に単語を入力してもらいながら話をするという荒業も使っている。あと、日常のどうでもいい話ならむちゃくちゃな英語でしゃべる。まあ、全然ダメなことなのでまねしないでいただきたいのだが、言いたいことは、英語がそれほどできなくても大丈夫。なんとかなる。僕のように標準語すらまともに話せない、関西弁だけでも外国で（ちょっとだけ不自由だけれども）問題なく仕事をしていた人間もいるということだ。

全国出張

2015年6月、僕がホブド県ボルガンの裁判所の中庭に立つと、ほこりっぽいうえにけっこう強い風が吹いていた。正直に感想を述べるならば、大変失礼ながら、まあ、とんでもないところだ。僕は裁判所の写真を撮りながら、うれしい気持ちと寂しい気持ちが交錯していた。祭りで踊り狂って、何かわからないが何ごとかをやり遂げたような思いと、その祭りがもう終わってしまったような思いが混じったような感覚。

ホブド県というのは、モンゴルで21県ある県のうち、西部3県といわれている県の一つで、中国の新疆《しんきょう》ウイグル自治区と国境を接している。ホブド県の県都はホブド（そのまんまだ）。飛行機は定期便が首都ウランバートルから飛んでいる。このホブド県の最南端、つまりまさにウイグルとの国境地帯に、ボルガンというソム（郡）がある。このボルガンには、全部で20人くらいの裁判官を含む裁判所職員が勤務する小さい裁判所がある。今回はここを訪れた。裁判所にすらインターネットがつながっていないといういわば辺境である。ウランバートルからホブドまでは飛行機で4時間程度。ホブドからボルガンまでは自動車で1日がかりの日程でようやくたどり着く。東京からだと3日かかる、まさに辺境。

このボルガンの裁判所は僕にとってとても思い入れのある場所だ。2013年4月以降、僕たちはモンゴル全県をおよそ2周して、地方のセミナーや研修を行ったのだが、このボルガンだけは、あまりに交通の便が悪く、秋以降になると降雪で道路も通りにくくなるということで、どうしても訪問できていなかった。全国でただ一つだけ僕が訪問していなかった裁判所だったのだ。この日ようやくモンゴルのすべての裁判所を制覇したことになる。ちなみに、この日、僕たちは公民館で郡長らと一緒に、住民のみなさんに調停の宣伝をするセミナーを行った。自由に質問などを受け付けたのだが、面白かったのが、モンゴルでも方言があるらしいことだ。ウランバートル育ちのプロジェクトのスタッフたちはボルガンの人たちが何を言っているのかわからず、きちんと通訳できなかったらしい。

この日の夜、僕は、食事の後やることもないので暇をもてあましてホテルを出て町をぶらつくことにした。携帯のアンテナがボルガンの町の中では立っていたので何気なくウランバートルにいる妻に電話をした。電話はもちろんつながったが、話しはじめて数分後には、もはや今となっては忘れてしまったどうでもいいことで妻と言い争いになっていた。モンゴル辺境の町を、日本人が関西弁で怒鳴りちらしながら歩いていた。そういえば、当たり前かもしれないが、夫婦げんかをしているとモンゴル人は周りに近寄ってこない。用事があっても遠巻きにして見守る。以前、やはり、これはウランバートルでの話だが、けんかをして妻とお互い怒鳴り合いながら道を歩いていると物乞いの男性が近づいてきたことがあった。大声でけんかをしているので言葉から日本人だということがわかったのだと思う。僕たち夫婦としてはそんなものに構っている暇はないので、彼が何か話しかけようとするのを全く無視して怒鳴り合いを続けた。彼はしばらく僕たちに付いてきていたみたいだけど、声をかけるタイミングを計りかねてしばらく躊躇した後、悲しそうな顔をして立ち去っていったらしい。そういえば、北アフリカのチュニジアに行ったとき、チュニスの旧市街でも、関西弁で怒鳴り合いながらけんかをしていたら、さしものチュニスのアラブ商人も僕たちを無視して、というか目が合ってもむしろ目をそらして、一切声をかけてこなかった。面倒に遭わないために夫婦げんかをしながら歩くというのは、世界中で通用する手法かもしれない。

まあ、そんなことはどうでもいい。そのまま誰に話しかけられることもなく（実は途中で裁判所関係者に会って「何してるの？」と声をかけられたのだが、やはり状況を察してすぐに解放された）30分ほど電話で怒鳴りながらめちゃくちゃに歩き、ようやくなんとか僕が謝罪するような形で電話を切ると、いつの間にか僕は町のはずれまで来ていた。むかついていたので、日も暮れはじめていたが、町のはずれにある岩山に登ることにした。モンゴルの町のはずれにはたいてい低めの山があって、僕はモンゴルの田舎の町に行くとよく1人で山に登るのだ。山の中腹まで登って岩に腰掛けて町を眺めながらタバコを吸い、愛用のiPad-miniで漫画の「島耕作」を読みながら夜が更けるまで過ごした。ボルガンで「島耕作」を読んだのは僕が最初ではないかなとかどうでもいいことを考えながら。電子書籍のいいところは、その手軽さもだが、暗くても読書できる点だ。この時期、6月のモンゴルは野外でも暖かい。ほとんど草のない岩山なので嫌な虫もいなくて快適である。それでもさすがに夜10時も過ぎるころになると、周囲は真っ暗になってきて僕も怖くなってきた。山を下りることにしてホテルに戻ろうとするのだが、なぜか町も真っ暗で街灯も消えている。どうやら町全体が停電しているらしい。暗すぎてホテルの場所がわからない。ときたま自動車が通って、明らかに不審者の僕を見つけて徐行する。多分何か問題があったら助けてあげようという親切心だと思うのだが、道に迷っていると言うのも恥ずかしいし、ホテルの名前すら記憶していないので、どこに行きたいと伝えることすらできない。だから、そのまま何事もないような振りをして歩き続けた。寒い季節ではなかったのが幸いだった。僕は、「まあ、ホテルがわからなければ、最悪そのへんの公園とかで日が出るまで寝るか」と思いながら（僕は溝の中でも寝られるという特技があるのだ）適当にホテルがあると見当を付けた場所を目指して歩いていた。すると、幸いなことに、1時間ほど歩いてようやく見慣れたホテルが見つかった。当然のような顔をしてフロントの従業員をやりすごして部屋に入った。

思い入れのあるボルガンですらこんな感じなのだからほかは推して知るべしで、つまり、僕は地方に出張していてもこういうどうでもよいことをしながら過ごしていたのだ。

すべての裁判所を専門家自ら巡回するという企画は2013年4月から実行しはじめた。多分これまでJICAの法整備支援専門家でこういう〈ばかげた〉ことをやった人はいないのではないかと思う。出張先で行うことは基本的に3つ。各地の県庁や公民館で市民向けの調停セミナーを開催すること（広報活動）、各地で調停人の資格を取るための研修会を開くこと（調停人養成研修）、各地の裁判所で調停導入前はその準備の進捗、導入後は実施状況を視察すること（モニタリング）だ。

ところで、「全国に出張する」という計画そのものは、フェーズ2開始前の2012年末にはすでに立ててあったのだが、具体的な日程や訪問先までは決めていなかった。この計画を実際に行う場合、「全国」といってもいろいろ考え方、解釈がありうる。つまり、全部の方面（日本でいうと東北とか北陸とか関西とか）でもありえるし、全県でもありえるし、全村でもありえる。どれも全国。でも、僕は、今回の全国出張は、全県というのが最低条件であると考えていた。そうでなければ広報効果が薄れると考えたのがまず大きな理由。また、僕は、経験上、すべての県に行ったことのある日本人はあまりいないことを知っていた。モンゴル人でもそれほど多くはない。どうせやるのなら、あまり人のやっていないことをしてみたいというのも全県に決めた理由だった。

ただ、全県を訪問するというだけではまだ「まあまあやね」って感じ。どうせならもっと珍しいことをしたい。そこで全県を推し進めて「全国の裁判所すべてを訪問する」ことにした。さすがにこれまでモンゴル全国すべての裁判所を訪問した外国人は僕一人なのではないかと思っている。モンゴル人だってほとんどいないだろう。もちろん、そんなことをする意味がないからしないというだけなのだが、そんなことはどうでもいい。まさに、「そこに山があるから登る」気持ち。しかし、この全国出張を経験して実感したのだが、無意味なことでもやり遂げると何か意味のようなものが出てくるから不思議である。全国すべての裁判所に行ったというと、ほとんどすべての人が、日本人モンゴル人問わず、半ば社交辞令だとしてもとても感心してくれる。確かに、僕自身、日本の裁判所のうち各県の本庁すべてどころか、20か所程度の裁判所にしか行ったことはない。日本に全部でいくつあるのか知らないが、仮に全国のすべての裁判所（支部や簡裁を含めて）に行ったアメリカ人がもしいたならば、僕だって心から感心する。

さて、モンゴル全国の裁判所の数は、２０１３年から15年にかけては、最高裁1、控訴審19、一審80の合計１００か所だった。もっとも１００か所といっても、地方では、控訴審裁判所と、民事、刑事、行政の第一審裁判所の４つの裁判所が1か所にまとまっていたりするので、実際の物理的な裁判所としての数は三十数か所だ。30か所ならたいした手間でもないと思われるかもしれないがこれは間違い。モンゴルは県の数は21でその数は日本の半分以下だが、国土面積は4倍の広い国だ。だから1つの県の大きさはたいてい日本より大きい。１つの県の県庁所在地には必ず1か所裁判所があるが、県によっては裁判所までの交通事情などを考慮して県庁所在地以外にも裁判所が設けられている。日本でいえば支部にあたるような裁判所だ。モンゴルは交通網が幹線道路以外発達していない。その幹線道路も最近は大分改善されたが２０１３年ごろはまだ舗装されていないところも多かった。一部の県の県庁所在地には飛行機が飛んでいるが、この支部に行くためには、もともと交通事情が悪いから支部があるわけであり、およそ自動車だけが唯一の交通手段となる。そう考えると、三十数か所を訪問するというのは、けっこう大変な作業なのだ。
行程にもよるが、当初は全国を8つ程度のブロックに分けて、1つのブロック内をまとめて出張するという方法をとっていた。例えば、2013年5月19日から23日にかけてモンゴルの西南の地方に行った出張の日程はこんな感じだ。

5月19日　（午前）ウランバートルからゴビアルタイ県アルタイに移動（飛行機）、（午後）裁判所所長らの案内で水力発電所見学

5月20日　市民向け広報セミナーを県庁舎で開催、裁判所職員向け研修を裁判所で開催、調停人養成研修を裁判所で開催（アルタイ）

5月21日　ゴビアルタイ県アルタイからバヤンホンゴル県バヤンホンゴルに移動（自動車）

5月22日　市民向け広報セミナーを県庁舎で開催、裁判所職員向け研修を裁判所で開催（バヤンホンゴル）。（午後）バヤンホンゴル県バヤンホンゴルからウブルハンガイ県アルバイヘールに移動（自動車）

5月23日　市民向け広報セミナーを県庁舎で開催、裁判所職員向け研修を裁判所で開催（アルバイヘール）。（午後）ウブルハンガイ県アルバイヘールからウラン

バートルへ移動（自動車。深夜着）

要するに、丸5日かけてモンゴルの南西部から首都までの一般道を走り抜けるという行程だ。そしてその間に、市民向けのセミナーを3回、裁判所職員向けの研修を3回、調停人養成研修を1回行う。さらに、各地の裁判所では歓迎会が開催されたりするのでほとんど毎日つぶれるまで飲まされることになる。

自動車での移動時間だが、早朝から深夜にかけてずっと移動する場合もあるし、午後から暗くなるまで移動する場合もあるが、最低でも1回の移動で5時間程度は自動車に乗ることになる。長ければ10時間乗ることもあった。当時はまだ舗装されていない道も多かったから揺れは半端でない。そして揺れれば揺れるほど自動車というのは疲れる。車の揺れで頭を強打したこともある。モンゴルに来た当初ならともかく、このころの僕はモンゴルの自然のすばらしさにいちいち感動することもなくなっている。揺れる車内で本など読めるわけでもなく、同乗しているスタッフと話すことすら疲れる。というか、スタッフは全員20代の女性だったので、40代のおっさんと話しても、いちいちかみ合わないし面倒くさいだろうということも察しがつく。僕は、この移動時間を寝ることでやり過ごすと決めていた。うまく寝られたときは疲れも少ないし、寝て起きたら次の町に着いているので、ワープするような感覚を味わえる。僕は、揺れる車内でうまく寝る方法をいろいろ考えた。当初は、車の後部座席のさらに後ろにある補助シートを出してそこで寝ていた。しかし、補助シートというのは通常のシート以上に揺れを直接感じる。体の周囲を毛布とかコートとか何かわからない多分車の掃除とかに使う布とかバッグとかなんでもクッションになりそうなもので固めて寝転がることを何度か試したが、うとうとはできるが熟睡できない。たまに体が飛んでいってあちこちにぶつかる。また後部にはいろいろな物、機材や食料などを積み込んでいるので、後部座席にもいろいろ物があふれている。足もゆったり伸ばせないし、これらの物がたまに頭に落ちてきたりする。僕は、補助シートをベッドにするという方法は早々にあきらめた。試行錯誤のうえ、シートベルトをきっちりと締めて体を助手席に固定するという、オーソドックスな方法に落ち着いた。これならば、車体と体が一体化するのか、なんとか寝られることに気がついたからだ。僕はこの方法で寝ながらモンゴルを2周した。

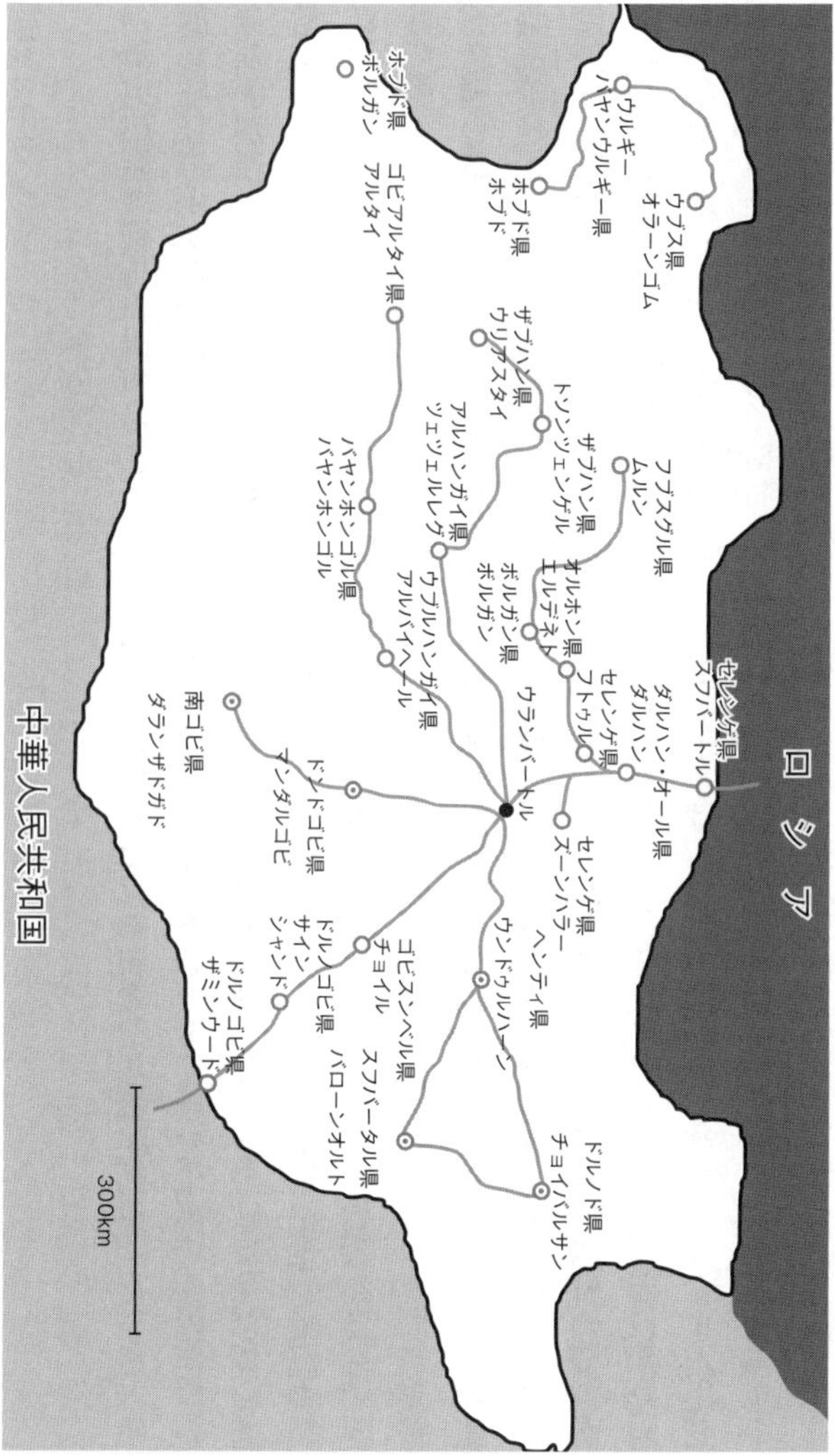
ロシア
中華人民共和国
ウブス県
オラーンゴム
バヤンウルギー県
ウルギー
ホブド県
ホブド
ホブド県
ボルガン
ゴビアルタイ県
アルタイ
ザブハン県
ウリアスタイ
ザブハン県
トソンツェンゲル
アルハンガイ県
ツェツェルレグ
フブスグル県
ムルン
オルホン県
エルデネト
ボルガン県
ボルガン
バヤンホンゴル県
バヤンホンゴル
ウブルハンガイ県
アルバイヘール
セレンゲ県
スフバートル
ダルハン・オール県
ダルハン
セレンゲ県
フトゥル
ウランバートル
セレンゲ県
ズーンハラー
南ゴビ県
ダランザドガド
ドンドゴビ県
マンダルゴビ
ゴビスンベル県
チョイル
ドルノゴビ県
サインシャンド
ドルノゴビ県
ザミンウード
ヘンティ県
ウンドゥルハーン
スフバータル県
バローンオルト
ドルノド県
チョイバルサン
300km

旅とイライラ

地方出張で使う自動車はＪＩＣＡ事務所から借りた日本製大型４輪駆動車（もっと一般的な呼び方があるのだが諸般の理由からあえてそう呼ばない）を使う。ＪＩＣＡのプロの運転手が運転してくれるので安心できる。日本製大型４輪駆動車というのはモンゴルの過酷な土地によく似合う。そして、多分人の車だからそう思うのだが、１日中走って泥まみれ、傷まみれになった日本製大型４輪駆動車を見るとなんだか満足感を感じることもできる。

全国の裁判所訪問という企画をはじめた最初の年である２０１３年は、秋からの調停開始が予定されていた関係で、暖かくなって道路の凍結がなくなる４月から裁判所が夏休みに入る７月はじめまでの４か月間に全国21県をすべて回ること、県庁所在地以外の裁判所はいくつか無視してもできるだけ多くの裁判所を回ることを目標としていた。とにかく時間がなかったので、このころの僕のスケジュールは４日出張に行って２日休んでまた出発するといった感じである。結局、この年は21県、23か所の裁判所を訪問し、市民セミナーの参加者は約１２００人、裁判所向けセミナーの参加者は約６００人、調停人養成研修修了者は約50人という成果を上げることができた。ただし、短い期間でこれだけの地域を回ろうとすると疲労が蓄積する。スタッフや運転手の疲労も並大抵ではない。モンゴル人弁護士や裁判官も講師として交代で同行してもらっていたのだが、彼らの疲労も限界に達する。疲れると人間はモンゴル人も日本人も同じだと思うが、イライラが募ってくる。あるとき、モンゴル東部への6日間のタイトな出張を終えてウランバートルへ向かう帰路、同行のモンゴル人弁護士がぶち切れるといった事件があった。

これは全国出張をはじめて間もない2013年の4月の終わりの出来事なのだが、ノモンハン事件のあった東部のドルノド県を含む3つの県の出張に行った帰りである。モンゴル側の出張者は、弁護士2人（いずれも男性。便宜上AさんとBさんとしよう）、裁判官1人（女性）、研究者1人（女性）。日本側は、僕とプロジェクトのスタッフ1人（便宜上Cさんとしよう）、それとそのころは僕の個人秘書のアンハーさん（男性）だった。ベテランモンゴル人弁護士Aさんが、出張最終日にウランバートルに戻る途中、夜の10時ごろだったが、食堂に寄ろうと言い出した。その日は日中ヘンティ県の裁判所で研修をしたのだが、研修後にたっぷり宴会というか惜別の宴というか、とにかく僕たちは帰り際にアルヒという40度くらいあるウオッカを浴びるほど飲んでいた。僕は帰りの車中まさに昏睡《こんすい》していた。この日は6日に及ぶ長い出張が終わり、ようやくウランバートルに戻る日であり、これまでの道中の疲れもピーク、日も暮れてきて、早く家に帰りたい。そんな中、あと2時間ほどでウランバートルというところで食事をするとのこと。正直にいうと僕は「面倒なことを言うなあ」と思った。たぶんAさん以外の全員がそう思っていたはずだ。しかし、1週間近く一緒に出張してきた仲間の希望でもあるし、確かに夕食はまだ食べておらず空腹だし、運転手の疲労も気になる。まあしょうがないという感じでみんな疲れ果てながら食堂に入った。モンゴルで食堂というのは本当にゲルの中でおばちゃんが家庭料理を振る舞うような食堂から、高級ホテルの最上階で町の灯を見下ろしながらステーキを出すような食堂というかレストランまでいろいろあるのだが、ここはウランバートルから近い幹線道路沿いという場所も幸いして、都会育ちのモンゴル人および唯一の日本人の僕にも十分納得のいくレベルの食堂だった。この食堂で、もうすぐ食事がくるというときに、スタッフのCさんが弁護士のAさんに対して、ちょっとした失言をしたのである。失言の内容は実はもう忘れてしまっている。モンゴル語なので直接聞いてはいたのだがよくわからなかった。後から教えてもらったけれど、どうでもいい内容だったということだけは覚えている。多分、想像するに、こんな感じのやりとりだったはずだ（なお、僕にとって、モンゴル語というのは実は大阪弁のイメージである）。

Ｃ「でも、いろいろ裁判所回りましたけど、調停の講義って難しいですね」

Ａ「そうかな」

Ｃ「そうですよ。研修を受けている弁護士のレベルも高くないし」

Ａ「確かにそういう傾向はあるね」

Ｃ「教えている講師も試行錯誤ですし、法律もできたばかりでよくわかってないところもあるので、しょうがないですけどね」

Ａ「何！　なんや、もう一回言ってみろや!!」（急激に切れる）

Ｃ「え?…」

Ａ「みんな仕事休んで一生懸命やってるのに、レベル低いってどういうことや！」（周囲どん引き）

Ｃ「いや、そういう意味じゃあない…」

Ａ「じゃあ、どういうことやねん！　言うてみろや。レベル低いってどういうことや。講師もわかってないって言ったやろ!!　どういう意味や！　みんな大事な仕事休んで出張してるねんぞ。ばかにしてんのか！」

C「……」(すすり泣き)

まあ、僕はモンゴル語はわからないので、以上はあくまで想像なのだが、この後ねちねちAさんがCさんに説教をしはじめた。僕はこのあたりのくだりからはアンハーさんに通訳するように言って聞いていた。そして、ちょうどそのころタイミング悪く注文した牛肉の炒め物がきたのだが、誰も手を付けない。そのうち、怒り狂うAさんをなだめてくれているもう一人の男性弁護士Bさんを除いて、残りのモンゴル人は早々に小声で「ごちそうさま」と言って車に戻りだした。…逃げられた。結局、最後に残ったのは、Aさん、Cさんの両当事者と、Bさん、僕、僕の通訳に徹しているアンハーさん。やむなく、僕とBさんでAさんをなだめる。このときばかりは、プロジェクトのボスとしてとても困った状況になった。Aさんは、いつもは大変親切で温厚な人であるのだが、今は、多分車内で飲んだアルヒと空腹と旅の疲れで野生動物のようになっている。「Cさんの言い方も悪かったかもしれませんけど、そういう趣旨で言っていたのではないと思いますよ」となだめるのだが、なかなか怒りが収まらない。Aさんはプロジェクトの中心となっていつも誠心誠意働いてくれている人でもあり、僕としては強く言うこともはばかられる。一方で、Cさんはいつも明るくて穏やかで優秀なスタッフで、絶対に悪意があったとは思えない。それに、ここは割と重要だが、たぶんCさんは客観的には失言をしていない。だから、僕としては、Aさんをうまくなだめる必要があるし、Cさんに対しては部下を守るボスという立場を演出する必要がある。モンゴル語でモンゴル人がけんかをして、周りが逃げ出している状況で「なんで唯一の日本人の俺だけ残らなあかんねん」、「モンゴルの大草原で夜中に俺何やってるねん」などという思いもときどき去来するのだが、かわいい部下の手前、そして今後AさんCさん共に気持ちよく仕事をしてもらう必要から、ここで逃げ出すわけにはいかなかった。

結局、10分ほどかかっただろうか、Aさんもさすがに疲れたのか勢いがなくなってきた。このタイミングで、ボロボロ涙が止まらないCさんとまだ何かぶつぶつ言っているAさんを別々の車に乗せて、ウランバートルに戻ったのだった。その日の到着は12時を大幅に過ぎていたはずだ。モンゴル人は怒りっぽいということは、100年以上前にチベットに潜入してモンゴル人僧侶を観察していた河口慧海《えかい》も書いているし、モンゴル人が酒を飲むと人が変わるというのは今でもよくいわれていることで、なるほどと実感した体験だった。

ところで、僕が、モンゴル人はすばらしいと思ったことはこの後の振る舞いである。翌日、AさんがわざわざプロジェクトオフィスまでCさんに謝罪に訪れたのだった。Cさんももちろんその謝罪を受け入れて、その日、Cさんも僕も、笑顔でAさんを送り出すことができた。AさんとCさんは今でも良好な関係を保っている。僕は、このあたりのAさんの、自分に非があると思ったら誰に対しても謝罪できる割り切り方と決断したらすぐに行動する迅速な行動力は、さすがだと思ってとっても尊敬している。もちろん、Aさんと酒を飲むときはこっそり逃げ出せる準備だけは怠っていない。

（この文章を書いた後、気になってCさんに、A弁護士ともめたきっかけについて確認したところ、「A弁護士が『研修生のレベルが低い』と言ったので『いやいやみんな仕事もあるのに参加してくれてるんですから、そんな言い方しないでください』とやんわりたしなめたら、突然怒り出した」とのことだった。今となっては笑える話だが、本当にCさんは100パーセント悪くなかったということである）

仕事は他人にやらせろ！

　地方出張も一段落した２０１３年の秋ごろのこと。調停法の施行は予定より遅れていたが、これについてはなんとかなると思っていたので心配はなかった。ただ、業務量はかつてとは比べものにならないほどに増えていて、僕の仕事内容も大分変化してきていた。自分で現場に出て働くというよりは、モンゴル全国の裁判所で行われている広報活動の実績レポートを集めて予算を割り振ったり、調停事件のデータを集めて調停人委員会向けの資料を作成したり、調停手続のマニュアルや規則を修正したり、裁判所以外の調停ができないか模索したり、調停人の全国配置に応じた養成、研修計画を立てたりといった、どちらかというと、首都で机に向かってやる仕事の割合が著しく増えていった。

　そのころ僕が感じていたのは「プロジェクトで全部の仕事をやっていたらそのうちパンクする」という厳然たる事実である。全国の裁判所は前にも述べたとおり、第一審裁判所だけでもおよそ30か所あるわけで、パイロット・コートのように2か所程度であればいちいち目が届くのだが、こう多くなっては僕の把握できる数を超えている。実際、裁判所で勤務することになっている40人以上の調停人（常勤の国家公務員となることが決まっていた）についても、全員の顔と名前も一致できていない。具体的な事件についてはやがて統計データとしてでしか把握できなくなることも目に見えていた。そこで、僕は、プロジェクトの体制を少しずつ変えていくこととした。

２０１３年秋には調停人委員会が設立されてトンガラグ最高裁判事が調停人委員会の委員長となり、その下で４人の委員も任命されていた。委員となったのは、プロジェクトの最初のワーキング・グループの会議から書記官として関わってくれていて、そのころにはウランバートルの第一審裁判所の民事裁判官になっていたバヤスガランさん、プロジェクトのワーキング・グループメンバーとしてこれも最初からプロジェクトで熱心な活動をしてくれていた弁護士のウルジーフさん（女性）、同じく弁護士でモンゴル最大級の弁護士事務所の経営者であり法曹協会の役員もしているスフバータルさん（男性）、モンゴル国立大学の労働法の教員であり、僕を大学の自分の授業に講師として呼んでくれるなど日々学生の教育面でも協力してくれていたボロルマーさん（女性）である。さらに、調停人委員会には裁判所評議会から専門官として派遣されている元裁判所書記官のイチンホルロさん（女性）もいた。僕は調停人委員会ができてからは主にこれらの人たちと仕事をするようになっていった。僕は正式に調停人委員会のアドバイザーという立場になり、委員会のほとんどすべての会議に出席し、実質的にはこの調停人委員会がかつてのワーキング・グループの機能を担うようになった。

このような状況だったが、かつてのワーキング・グループのときのように、プロジェクトで何から何までお膳立てしていくことは事務量からも物理的に不可能だったし、プロジェクトは2015年で終わることになっていたからプロジェクト終了後の体制についても考えておかねばならない。そこで、僕は、この調停人委員会をプロジェクトに替わって機能できるまでに育て上げようと考えた。

それまでは、例えば調停人の研修については、ほとんどすべてをプロジェクトで行っていた。研修プログラムだけではなく、講師の手配や会場の手配、広報活動から資格認定まで、そのほとんどをプロジェクトが一貫して管理していたのである。これらを、調停人委員会と、その事務を担当する裁判所評議会に任せていくことにしたのだ。これらの作業というのは、例えばこのうちの調停人資格認定という段階一つをとっても、研修の出欠を取り、参加者それぞれに旅費を支給して1人ずつから領収書を集め、修了証書を印刷し、それに名前を書いてバッジと一緒に配り、名簿を作成する…と膨大な作業量になる。これをモンゴル側が自分たちだけで行えるようになってもらう。当然、はじめはいろいろと行き違いや問題も起こっていた。僕自身も、彼らに任せるよりはプロジェクトでやったほうが早くて正確なものだから、いつもイライラしながら見守っていたのだが、さすがというか、官僚機構の強さというか、モンゴル側はやがて僕の期待どおりに自分たちだけでこれらの作業を余裕でこなせるようになっていった。

並行して、僕はプロジェクト内の業務も、モンゴル人スタッフに任せるようにしむけていった。彼女たちに、例えば「次の出張の計画を作って」と頼めば、出張場所、日程表、研修プログラム、経費の計算、自動車や航空券の手配、裁判所との調整、講師の日程調整、ホテルの手配、市民向けセミナーの会場や人集めの広報活動といったすべてができるようなシステムを作ろうと思ったのだ。モンゴル人スタッフは非常に優秀だったから、こちらも程なくこれらの作業を十分にこなすようになった。さらに後になるとスタッフが研修の講師をするようにすらなった。スタッフの1人であるオユーさんは2014年に司法試験に合格するのだが、彼女のモチベーションを上げるためにも（もちろん僕が楽をするためにも）研修の講師を任せたいと思うようになり、僕が調停人養成研修で担当していた4つの講義の半分を任せることにした。彼女は本邦研修にも参加していて、法曹資格もあり、実力を周囲が認めていたからこのような登用にも一切異議は出なかった。むしろ異議を出したのはＪＩＣＡモンゴル事務所である。あるとき担当者が「スタッフが講師をするのはおかしい」と言ってきたのだが、僕は一切無視して方針を貫いた。「こんなことしているプロジェクトは見たことない」とのことだったが、それを言うなら、調停のプロジェクト自体これまで見たことないはずで、このような言葉が出るところからして考えが凝り固まっていて効率性や実効性を全く理解できていない証拠だと思う。ともかく、このようにプロジェクトも効率的な運営が可能となっていった。

このような構造改革の結果、プロジェクトの内外の責任体制ができてきて僕の仕事はとても楽になった。僕が何もしていなくてもプロジェクトは回る状態である。明治のはじめに元大名の浅野長勲《ながこと》がイタリア公使の仕事を終えて帰国したとき、「公使のお仕事は大変だったでしょう」と誰かが気遣うと、「いやいや全然大変ではなかった。口をパクパクしていたら通訳が適当にうまくやってくれるから」とおっしゃったらしい。殿様らしいエピソードだけれど、その話を読んで僕の状況も全く同じだと思った。僕は芥子粒《けしつぶ》のようないてもいなくてもいい人間にすぎないが、殿様と同じような状況にプロジェクトを仕立て上げることができた。実際のところ、これ以降は、僕がたとえ「口パク」で通しても、プロジェクトは順調に成功していたと確信できる。まあ、スタッフにいわせれば、僕の話なんかは、整理されていないし、滑舌も悪い、わけのわからないこともしばしば言うので、ある程度の内容を理解した後は「口パク」と同様、必要に応じて「超訳」して適当にこなしてくれていたのだと思う。でも、実はこれは僕の気持ちにぴったり合う働き方で、僕は彼女らの仕事ぶりにとても満足している。

だから、僕としては、プロジェクトの後半というのは、偉い人に会うときに相手に気持ちよくなってもらうための人形、地方に行ったときなどの珍しい広告塔、人寄せパンダというか日本から来た見せ物としての役割を果たそうと決意して、そのとおりに動いていたにすぎない。その他のことは実のところ何もしていない。でも、僕が何もしていないことこそが、プロジェクトが最終段階でも減速もパンクもせずに成功できたことの裏から見た一面でもある。以前のまま変化しなければ、確実にプロジェクトは破綻していた。はたから見ていれば僕は2015年の終わりまで繰り返し地方への出張をしまくっていたし、研修講師とか、新企画とか、テレビ番組とかいろいろとやっていたように見えるかもしれない。しかし、それはあくまで僕の趣味の世界であり、プロジェクトの進捗とは実のところ一切無関係。自己満足、僕が面白かったからやっていただけだ。

プロジェクトの後半、調停人委員会と裁判所評議会に全体の流れを一任し、プロジェクト内の業務もスタッフに一任した後は、僕の仕事はすべてを他人が代わってやってくれていた。だから、この後の時期の話というのは、調停に関していえばあまり具体性のない話になっていく。

成功の理由

イベント会場での無料法律相談の様子（2012年）

追い出される

2013年の年末近くから、プロジェクトオフィス移転の話が裁判所から出るようになった。それまで4年近く、プロジェクトオフィスは首都控訴審裁判所の裁判官室の並びにあった。手ごろな大きさの部屋であり、場所も最高裁のごく近く。また、プロジェクトに関係している複数の裁判官の部屋もすぐそばにあり、僕の自宅からも近かった。僕はこのオフィスをとても気に入っていた。裁判所関係者から移転を考えてくれと言われたときも、僕はできれば今のままにしておいてほしいと希望を伝えて引っ越しを渋った。引っ越し先は必ず今よりも便利が悪い場所になるだろうし、引っ越しそのものの面倒さを考えると、できればこのままの場所でプロジェクト終了までの期間を過ごしたいと思っていた。当時裁判所内にオフィスを持っている外国機関は調停プロジェクトだけであり、ある種特別扱いだったので出て行くのが惜しかったというのもある。

ただ、司法改革の結果、裁判官の人数も大幅に増えた。裁判所の構成も大きく変化していて、裁判所の統廃合も行われた。首都控訴審裁判所の裁判官も大幅に増えると聞いていて、このままでは裁判官室が不足するのは誰の目にも明らかだった。僕も状況を見ながら、「裁判官が狭い部屋で何人も一緒に執務しているようではどうしようもない。僕が動く必要があるなあ」とは考えていた。そのような状況だったので、僕は、そのうちどうしようもなくなれば引っ越ししてくれと強く言ってくるだろうし、言えずに困っているようなら、潮時を見て自分から引っ越しの話を持ち出そうかなと漠然と考えていたのだ。しかし、僕よりもモンゴル側の動きのほうが早かった。

このまま優しく言っていてもらちが明かないことを悟ったのだろう、モンゴル側は、僕を気分よくさせながらも部屋から追い出す作戦を思いついたようだった。そのやり方というのは今思い出しても楽しくなるような方法だった。

ある日、僕は、首都控訴審裁判所の長官（女性）から呼び出された。この長官（親しみを込めて「おばちゃん」と呼んでいる）は、いつもこわもてで強気で物を言う感じの人で、刑事の裁判官である。2016年現在では裁判所評議会の委員をしているのだが、当時から、裁判官の中でも一目置かれていた。僕の観察ではけっこう厳しい人で、大方の裁判所の職員はこのおばちゃんを恐れている。この人が何か物を言うと他の人は裁判官だろうと誰であろうと黙ってしまうか、この人の意見に沿った発言に終始する。僕に対しても自分の威厳を示すような感じの対応が多く、僕もこのおばちゃんに対しては、日本に戻ったときにお土産を買ってきたり、何か言われたら全面的に「はい、はい」と言ったりとおばちゃんの性格に合わせるようにひたすら恭順の態度を示していた。

おばちゃんに呼び出されることはこれまでなかったので、「なんの話やろう?」とスタッフと話しながらオフィスのすぐ下の階の長官室に行った。部屋に入ると、おばちゃんだけでなく、事務局長や、以前ダルハンの第一審裁判所の所長をしていて今ではこの裁判所の裁判官に転属してきているオチさんが座っている。「この面子《メンツ》は意味わからんな。まあ、話聞いてみよ」と思って促されるままに席に着くと、おばちゃんが、「今日はいいお知らせがあるよ」と満面の笑みで言った。おばちゃんの満面の笑みというのを僕はあまり見たことがなかったのだが、おばちゃんはこういうところでうそを言う人ではないと思っていたので、「どんないいことなんだろう」と、僕は正直これから訪れるいいことにすごく期待した。「岡さんに勲章が与えられます」とおばちゃんは言う。この年の春にヘンティ県というウランバートルから東に300㎞ほど離れた裁判所に出張してセミナーなどをしたのだが、そのときの功績で、ヘンティ県の知事からメダルが出ているのだという。ヘンティ県はチンギスハーンの生誕地であり、チンギスハーンが町の名物だ。県庁所在地の名前も、2013年に「チンギスハーン」に改められている。2013年は、このヘンティ県が創設されて90周年にあたり、その記念に功労メダルを発行していた。それを僕がもらえるらしい。

みんなが「おめでとう」と言って拍手して、おばちゃんが僕のスーツにメダルを付けてくれた。自尊心を満たされた感じがしてとてもうれしかった。記念写真を撮った後、みんなが握手を求めてくる。それに応じて席に戻って、興奮を抑えようと紅茶を一口飲んでいると、おばちゃんが僕にこう言った。

「プロジェクトのオフィスのことだけど、移ってもらえるかな」

うれしくて頭がおかしくなっている僕は、笑顔で「もちろんすぐ移ります！」と即答したのだった。すぐに思い直して「えっと、すぐにと言っても、引っ越しの準備もあるので、ちょっと時間が欲しい」と付け足したが、「いいよ、いいよ。1週間やそこらくらい」と満面の笑みでの返事。みんな、やっと言質取った！　という感じで帰り支度。僕もここらが潮時と判断して「ありがとう。さよなら」とつたないモンゴル語であいさつをして、オフィスに戻ったのだ。

こういうことがあって、プロジェクトオフィスは住み慣れた首都控訴審裁判所から移転することになった。裁判所評議会から提案されたオフィスというのは複数候補があったのだが、いろいろと考えた末に、前のオフィスから5分くらいの場所にある政府合同庁舎に移転することにした。庁舎の10階にあって、しばしばエレベーターが故障するし、荷物の搬入が面倒だし、なじみの裁判官の部屋から離れてしまって遊びに行くこともできなくなったしとはじめは不満もあった。でも、首都控訴審裁判所からも最高裁からも自宅からも近く、そのうち裁判所評議会の一部の部署も近くの部屋に移ってきた。何より、しばらくすると調停人委員会委員長のトンガラグさんが隣室に移ってきた。庁舎内の新しい人たちとも知り合いになれた。結果的には、このタイミングでのオフィスの移転は、全く問題がないどころか、その後のプロジェクトにとってもとてもよかった。

全国で調停開始

２０１２年5月22日に成立した調停法だが、その施行は度々延期された。このことで日本側のアドバイザーに心配をかけていたことは前にも書いた。その後、２０１４年２月４日、当初予定から約10か月遅れで、ようやく調停法が施行され、全国の裁判所で調停がはじまった。

２０１４年の1年間というのは、比較的穏やかに過ぎていった。僕は、調停がはじまった2月からは、首都の裁判所を訪れて調停人からの意見を聴くなどしていた。調停がはじまってから2週間程度過ぎた段階での状況は、可もなく不可もない感じで推移しているようにみえた。このころの首都の大きな裁判所の様子をみると、スフバートル区の裁判所で当初任命された調停人は5人。そのうち3人は定年退職した裁判官だ。残りの調停人の前職は、裁判所書記官とそのアシスタントの事務官である。調停開始から2週間で45件の事件を受け付けていた。ハンオール区の裁判所でも5人の調停人が任命されていて、こちらの調停人の前歴は、定年退職した元裁判官、弁護士、元検察官。調停開始から2週間で15件の事件を受け付けていた。首都ではそのほかに2つの小さな裁判所で調停を行っていたのだが、これらの裁判所では調停人は1人ずつしか配置されていない。元裁判官と元裁判所書記官が調停人に任命されていた。それぞれ2週間で5件程度の調停事件を受け付けていた。その他の地方の裁判所でも調停人は1人ずつ配置されていて、この時点ではまだ一件も受け付けていない裁判所もあったようだ。

ここで、調停人という職業について改めて考えてみたい。調停人は、調停を主催し、対立している人を話し合いで仲直りさせる専門家である。だから、他人の紛争を解決するための法律知識、当事者の心を開き交渉に協力させるための交渉テクニック、社会的に妥当な解決を導くための一般常識とバランス感覚が必要とされる。モンゴルでは大学卒業などの要件を満たす人に対して調停人養成研修を行い、研修修了者を調停人として資格認定していた。僕は、モンゴルの調停人の位置づけを日本の簡易裁判所判事のようなイメージにしたいと考えていた。つまり、一般の公務員の中では最高レベルの格付けに近い専門職ということである。この考えがまさに図星、大当たりになったことは調停人の前職を見てもわかっていただけるはずだ。

ところで、調停人として勤務する人の数と調停人資格を持つ人の数の関係について説明すると、モンゴルでは調停人資格と実際の調停人の任命というのは全く別の文脈で動いている。調停人資格を認定するのは調停人委員会だ。しかし、この調停人資格を持つ調停人は裁判所だけで働くわけではない。というか、この調停人資格というのは、調停人に任命されることができる資格にすぎない。調停人は、現実にはこの時点では裁判所でしか採用していなかったが、調停法の考えでは調停人資格は、裁判所だけではなく民間の機関であっても専門的な調停を行う調停人となるのに必要な資格である。だから、調停人養成研修を受講して調停人資格を持っているからといって調停人として勤務できる保証などないし、実際に弁護士がアクセサリー的に調停人資格を取得することも多い。2016年現在でも、調停人を採用しているのは、裁判所とモンゴル商工会議所内に設けられたビジネス紛争調停センターの2つの機関しかない。調停人資格と調停人の採用を別系統の仕組みとすることのメリットは大きかった。調停人の資格認定の際に、実際の雇用、就労場所を考慮することがほとんど不要となったからだ。

僕たちは、調停を普及させるために多数の調停人を全国で養成してきた。この数は、2014年時点で500人以上に達していたし、2016年には800人近くになっている。モンゴルには司法試験に合格した法曹が全部で5000人弱いる。調停人養成研修を受ける人の大半は法曹資格を持っている。だから、法曹の約6分の1から7分の1が調停人資格を持っていることになる。さらにいえば、裁判官や検察官はあまり調停人養成研修を受けない。受ける必要もメリットもないからだ。研修を受ける人の多くは弁護士ということになる。約2000人の弁護士のうち、3分の1程度が調停人資格を持っていると思われる。これはけっこう大きな数字であり、調停を法律家に認知してもらうという意味でも、これだけの弁護士が自主的に調停人資格を取得してくれた意義は大きい。弁護士が調停人となることによって、紛争解決の選択肢に調停が入ってくる。依頼者にも事件の性質によって調停を勧めることができるようになっていく。

このように調停人資格を数多く与える際に問題となるのは、日本の司法試験と似たような話になるが、資質の維持と、就職先の確保だ。弁護士を中心とした法曹中心に資格が付与されている以上、調停人資格を持つ人は一定のレベルの人だという推測はできる。しかし、法曹といってもさまざまであり、全員が全員、優れた能力を持つとまではいえないだろう。さらに、調停人資格を取っても就職先は多くない。裁判所で勤務することができる調停人は全国で40人強にすぎない。この数は現時点でも変化していないし、ビジネス紛争調停センターの調停人も20人程度しかいない。だから、今後、裁判所調停が拡大し、民間調停を行う機関が増えていくと予想されるから、調停人の需要は増えるには増えるに違いないのだが、８００人近い調停人全員を吸収できるような多くの職場は望めないと思われる。

もし、調停人資格と調停人の任命を一体化していたらと考えるとぞっとするのだ。その場合、調停人資格は、資格商法のようなウソ資格になってしまう。しかし、モンゴルは幸い、そうはならなかった。プロジェクトのパイロット・コートでの調停人任命のやり方を前提にして調停法が起草されたことがよかった。調停人有資格者のうちから、各調停機関が自由に調停人を採用できるというシステムを作ることができた。僕たちは、就職のことを考えずに、ある意味いくらでも調停人を作ることができた。多数の調停人がいても誰も困らない。むしろ、調停を行う機関が優秀な調停人を確保するためには調停人有資格者は多ければ多いほどよい。したがって、正確にいえば、僕のもくろみである、調停人を簡易裁判所判事にするという作戦は、半分しか成功していない。つまり、裁判所の調停人が日本の簡易裁判所判事と似たような立場になっているだけであって、調停人全員がそう扱われているわけではない。

でも、僕としてはこれで十分であった。というか、むしろそういうシステムのほうが望ましかった。

調停人はどのように仕事をしているのか。裁判所の調停人の前職は、裁判官や裁判所書記官が多い。だから、一般的にいえば調停人は裁判所の事務に通じていて、あまりおかしな手続きをしたりすることはない。しかし、まれには前職が法律家でない人もいるし、人によっては、事務処理で苦労している場合もあるようだ。ただ、手続き上の苦労よりも、調停の内容面での充実がより重要である。調停人には定期的に研修などを行っているが、研修で学ぶテクニックではどうしようもない、権威というか、もっとはっきりいえば、若さゆえの苦労というのもある。ある地方の裁判所の調停人は20代はじめの女性だ。彼女が最も苦労しているのは離婚調停で、調停人になって4か月ほどたっても、離婚事件については一件も調停を成立させられていなかった。確かに、長年連れ添った末に離婚する40代や50代の夫婦が20代の若者を信頼しその意見をじっくり聞くという構図はなかなか考えにくいと思う。ただ、この点については違う意見もあるようだ。僕は、ある援助機関からの委託を受けて調停を調査しているコンサルタントの訪問を受けたことがある。旧社会主義国の男性で自分を調停の専門家だと名乗っていた。彼と話した感想は「顔はハンサムやけど、こいつすごい失礼やな」というものだ。どういうことかというと、モンゴルの調停人の話をしている中で、調停人の年齢構成について彼が僕に意見を求めるので、僕は「離婚事件などもあるので、一定の年齢が必要だと思う」と答えた。すると彼が反論してきた。「そんな時代遅れのこと言ってるの？　能力があれば年齢は関係ないよ」と。聞かれたから答えただけで、「あんたの意見なんかそもそも聞いてもないわ」と思うのだが、そのコンサルタントは勝ち誇ったような感じ、上から目線で僕の話も途中で遮り、調子に乗っていろいろと事例を挙げて意見を述べ続けた。意見といっても「私が養成した調停セミナーの生徒たちは年齢にかかわらず能力十分だ」とか、まあどうでもいい話だ。大半は聞き流していたのだが、しかし、根が小心者にできている僕は、笑顔をみせていちいち納得するかのようにうなずいたりしていた。自分の卑屈さを恨みながらも、僕は「こいつは絶対にやがて失敗する」と確信していたのだったが、おまえ、ほら、見てみろや。あのときの不毛な議論の答えがこの20代の調停人だ。もっとも、彼女に調停人の教育をしたのは僕でもあるのだが…。

ところで、この若い調停人が離婚調停で苦労していた原因はただ若さゆえでもない。モンゴルでは、全国的にみても離婚調停の成立率というのは15パーセントに達していない。民事調停の成立率は85パーセント近いのにである。この極端な成立率のひらきには理由がある。モンゴルの離婚調停では、夫婦を仲直りさせる調停（日本でいう円満調停）しか和解できない仕組みになっているのだ。モンゴルで離婚について規定している法律は家族法だ。家族法では、未成年の子がおらず財産分与などで紛争がない夫婦については届出による離婚を認めているが、それ以外の場合については裁判離婚しか認めていない。裁判離婚しか認められていない状態で、調停で離婚させることができるかどうかについては、パイロット・コートを運営していたときは、和解内容が裁判官の確認命令を経ていることを理由にして、調停でした離婚合意に基づいて離婚することを認めていた。調停法制定の時点でも、大多数の人は調停で離婚することが認められると考えていた。調停法には調停前置主義まで定められている。モンゴルで離婚訴訟を提起する場合、事前に必ず調停手続を経る必要があるから、調停で離婚できなければ面倒極まりない。

しかし、２０１４年に調停がはじまってから、最高裁の考えに変化が出てきた。最高裁は、調停で離婚することは認められないという方針を示した。なぜ急にこのように解釈に変化があったのか、本当のところはよくわからないのだが、僕は、２０１３年の春ごろから急にトンガラグさんらの指導が変わってきたのに気がついた。僕としては、最高裁の法解釈に異論を述べる気持ちは全くないのと、真の理由は不明確ではあったがこれまで調停で家族法と異なる取り扱いをしていたことは明らかなので、特にそこに異論をはさむこともせずに最高裁のやりたいようにしてもらっていた。急な取り扱いの変化に調停人たちもはじめは戸惑っていたのだが、さすが官僚機構、２０１４年の夏が終わるころには、みんなこの新しい取り扱いに対して疑問なく従うようになっていた。というわけで、現在のモンゴルでは調停で離婚はできず、離婚訴訟を申し立てようとする夫婦は、調停前置主義により訴訟前に必ず調停人のところで「仲直りしろ」と言われることになる。こういう取り扱いについては、確かに、実際に離婚したい夫婦にとっては「余計なお世話」であるに違いない。いろいろ考えた末に裁判で離婚することを決断しているのに、裁判の前に調停で仲直りを促されるのは、非常に面倒で腹立たしい話だというのはよく理解できる。

裁判所で勤務する調停人は、モンゴルの法律家の例に漏れず、男女比でいうと女性が圧倒的に多く、年齢的にも比較的高齢の人が多い。60歳を超えている人も多くいる。20代や30代前半というのは少ない。35歳から65歳くらいまでが一番のボリュームゾーンであり、地方に行くほど調停人の人材不足もあって若い調停人が任命されている場合も多いが、逆にその地方の控訴審裁判所の長官を定年退職したような大ベテランが調停人をしている例もある。定年退職した裁判官が多いというのは全国的な傾向だ。ある県の調停人はやはり元裁判官の女性。定年退職してすぐに常勤調停人となった。調停事件の処理件数は地方の調停人の中でも突出して多く優秀だ。彼女がどのような調停をしているのか、現地まで見に行ったことがある。彼女はとても恰幅がよくて、その性格は積極的で押し出しも強く、プライドの高い人だ。裁判官としてもそれなりに偉い立場であったし、能力も高いのだと思う。そんな彼女は、先ほどの20代の調停人とは違って、離婚事件についても結構な数を和解させている。離婚したいと言って裁判所まで来ている当事者を仲直りさせているのだから並大抵ではない。「どんな調停をしているのですか？　ベテランの裁判官として経験が豊富ということもあるとは思いますが、それにしても○○さんの事件処理というのは特にすばらしい」、「ほかの調停人の参考にするためにもコツがあれば教えてください。特に離婚事件なんてどうやって和解させているのですか」と僕は尋ねた。こういうとき僕はちょっとおだて気味にというか、割に相手を乗せるような言い方をする。どうせなら気持ち良くなってもらいたいという「接待」としての意味もあるし、なんでも自由にしゃべってもらいたいという気持ちもあるからだ。彼女は喜んでコツを教えてくれた。彼女が楽しそうにしゃべるそのコツを聞いて、僕はずっこけた。「脅かすのです」と彼女は言う。なんでも、離婚しようとして調停に来る夫婦がいると、仲直りするように説得するのだが、どうしても話を聞こうとしない夫婦には「和解しなければ、郡長に言うよ」とか言って電話をかけるそぶりなど見せるらしい。まあ、この彼女の話は少し盛り気味な気配もするので、話半分に聞いてもよいと思う。でも真実の部分もあるには違いない。権威で脅かすような調停が良い調停のはずがなく、このような調停が行われているとしたら、中身の充実とはほど遠いといえる。しかし、僕は、彼女のやり方を批判しようとは思わなかった。このやり方が、モンゴルで実際に一番事件を処理している方法であることには間違いないわけで、モンゴルのその地方の社会状況を全く知らない僕は批判する立場にはない。何もないところから、たかだか数年前に始まった調停である。いろいろと問題があることはやむを得ない。今の段階では、僕は彼女の調停のやり方を批判するよりは、むしろその事件処理の迅速さや手続きの正確さなどを褒めていこうと考えた。良いところを伸ばすというか、とりあえず数年間は調停を回すこと、事件数など目に見えやすい成果を出すことを第一に考え、中身の充実といったクオリティーの面、目に見えにくい面は二の次にしよう、そう思った。

こういう考えには批判もあると思う。しかし外国人がその国の社会の本質に関係するような、事件の真の解決とか、当事者の心からの合意とか、そういうきれいごとを本当に理解できるのかと問われれば、僕は「それは無理だ」と思うのだ。絶対無理、100パーセント無理とまでは思わないが、99パーセント無理だと思う。だから僕はこの考えをはなから捨てていた。きれいごとは建前として必要であるのは間違いないが、それをまともに信じてやっていたら逆に不都合が起きる。もちろん、僕もきれいごとは言う。言うが、それをまともに正面から信じて仕事はしない。それはそれとして、本当に現実的な成功を求めて動いていた。このような観点からは、彼女の調停のやり方というのは、ずっこけてしまうものではあっても、批判するどころかやはり褒め上げるべきものだった。何せ、そのやり方で実際に大量の事件を処理しており、かつ、彼女の調停を利用した人からは、少なくとも表立っては好意的な感想しか出ていないからだ。

彼女の例を見るまでもなく、調停人養成研修だけでは調停人の質が維持できないことも明らかになっていた。だから、僕たちは、調停人として裁判所で実際に勤務している常勤調停人を主な対象とするいろいろな研修も行い続けた。「調停人再研修」と名付けた研修では、心理学者やソーシャルワーカーによるロールプレイ形式の講義を行い、人の話を「聴く」ことの必要性をいろいろな人の口を借りて繰り返し説明している。また、「全国調停人協議会」というイベントを２０１４年から毎年秋に開催している。これは、全国の裁判所で勤務する調停人を年１回首都に招待して、そこで意見交換と親睦会を行うというものであり、全国の裁判所で勤務する調停人が一堂に会する現在唯一の機会となっている。交流の機会を設けるとともに、将来的には、このような集まりから新しい勉強グループや、疑問点を相談しあえるネットワークなどが自発的にできてくれれば、という気持ちもあって当初企画したのだが、それなりに盛り上がりを見せている。

新企画

２０１４年2月に全国の裁判所で調停が始まり、僕は前年に行きそびれた地方の裁判所への出張を中心に仕事をしていた。寒くなって道路が凍結しはじめる秋ごろからは地方に出張することはやめて、ウランバートルでできる仕事にシフトしていく。調停人養成研修、調停人再研修などの準備、日本の先生の招聘《しょうへい》といったことだ。２０１４年秋には商工会議所に民間調停機関が創設された。「ビジネス紛争調停センター」という名前で、ビジネス紛争の調停を専門に行う。センターは欧州復興開発銀行の支援で設立され、イギリスからトレーナーを招聘して15人の調停人に対してトレーニングを行った。２０１６年現在、ここで処理している調停事件の数は多くないが、調停法が施行されてからはじめて活動をはじめた民間の調停機関であり、その意義は大きい。

このように、新しいこともあったにはあったが、決まり切った仕事を繰り返すだけではマンネリになってやる気もなくなっていく。その後、２０１５年にも全国出張を行ったが、この出張ですら何十回も繰り返しているうちに消化試合のような感覚になる。郊外の美しい風景、まさに「草の海」と椎名誠がいうとおりの大草原を見てもいちいち感動することもない。はじめあれだけ苦痛だった長時間の車での移動も、寝るコツ、揺れても疲れない姿勢のコツを覚えてしまって、車が走り出したら10分ほどでもう爆睡といった状態。出張の感想を聞かれて「疲れた、疲れた」と質問者の期待どおりの答えは言っているものの、実のところはあまり疲れていなくて、こんなもんかと思っていた。別のいい方をすれば、全国で調停がはじまったと同時にプロジェクトの終わりが見えてきた感じ。はじまりと終わりは裏表。でも、僕は、最後まで走り続ける必要があった。いや、必要はなかったし誰も僕にそこまでしてくれとは言っていなかったけれど、僕が走り続けたかった。そこで、2014年の秋からプロジェクトが終わる2015年の12月にかけて、僕は新しい企画を実行することに集中しはじめた。

まず考えたのが、前に少し触れた全国の調停人を集めた協議会だ。全国の裁判所では約50人の調停人とその書記官が常勤の公務員として勤務している。地方の裁判所には常勤の調停人は1人ずつしか配置されていないので、調停人同士で知り合ったり、相談し合ったりする体制というのはできていない。そこで、全国の調停人を1年に1度首都に集め、セミナーを行い、懇親を図るための企画としてこの協議会を考えた。場所は高級ホテルの会議室を借りることとして、調停人による事件処理での苦労の発表や、裁判官による事件処理の講義などを行った。協議会では、午前中にセミナーをした後、バイキング方式で昼食を出すこととしたのだが、さすが高級ホテルの食事でなかなかおいしそうだ。モンゴルでは日本人は「野菜がない」、「魚がない」と嘆く人が多いのだが、痛風持ちで肉大好きの僕にとっては、肉ばかりで野菜が少なく魚はほとんどないモンゴルの食事（僕は馬乳酒だけは苦手なので、正しくは馬乳酒を除くモンゴルの食事）はどれもとてもおいしくいただけている。でも、このときの料理は、肉以外に野菜も大量にあって、多分ふつうの日本人にとっても十分満足できるレベルのものだった。みんなが食べはじめたのを確認してから自分の分の大量の肉と少しの野菜を皿に盛って「我ながらいい企画を考えた」と思った。

僕としては、このような協議会を、プロジェクトが終わった後も、毎年一度でいいので継続して行ってほしいと思っている。そのために、２０１６年にもプロジェクトはできるだけ目立たないように裏方に回り、プログラム作りなども調停人の手作り感を出すことを心がけながら、第2回目の協議会を行った。当然の年中行事のようにモンゴル側に認識させるためだ。1年に1度であっても全国の調停人が出会う場面はほとんどないので貴重だと思う。実際、この協議会で知り合いになり、facebookでグループを作ったとか、日常業務で問題があったら連絡を取り合って解決しているといった話も聞く。こうした、いわば調停人が自分たちで勝手に、自主的に作ったグループやネットワークというのは、上から公式的に作るシステムとは全然違う強靱《きょうじん》さ、容易に壊れないイメージがある。

　モニタリングも残された重要な仕事だった。調停がはじまってある程度データが集積した後、利用者の感想や、調停人・裁判官の意見、一般市民の調停に関する認知度などを調査することはあらかじめプロジェクトフェーズ2開始の段階から決められていた仕事だ。モニタリングによって改善点を洗い出し、今後の調停制度の展開につなげることができる。モニタリング調査は、２０１４年末から打ち合わせを開始し、大学教員や元国立法律研究所の研究員などが中心となって業務を請け負ってくれて、２０１５年夏に調査報告書が作成された。

　それによれば、裁判所調停の利用者満足度は、満足80パーセント、やや満足18パーセント、不満2パーセントとなっている。モンゴル国民全体の「調停」の認知度は、68・9パーセントだ。そして、裁判官、裁判所職員の51・8パーセントが、調停導入により裁判所の負担が最大29パーセント減少したと感じている。これらの調査はサンプルとしてランダムに対象者を抽出し、彼らに面接形式でアンケートを採って行った。利用者満足度は、民事調停の成立率とほぼ同じ80パーセントが満足と答えており、やや満足を含めると98

パーセントの利用者が満足してくれている。家事事件の和解成立率の低さを踏まえてのこの結果だとすると、離婚調停で和解できなかった人もある程度は調停に納得してくれているらしい。そして、2005年ごろまでは「調停」という言葉すらなく、2010年になっても法律家ですら調停についてほとんど知らなかった、こういう状態だったのが、2015年には国民の約7割が調停とはどんなものか聞いたことがあるまでになっている。それまでも、僕はプロジェクトが成功裏に推移していることは感覚的にはわかっていたが、モニタリング調査の結果を見て、成功を一応は根拠のある数字で確認することができたし、その数字は僕が思っていたよりもよい数字だった。

事件処理のコンピュータシステム開発のことにも触れておきたい。調停事件を1件ずつデータとしてコンピュータに入力して、事件の統計処理を行うシステムだ。さらに、期日の呼出状や和解契約書なども作成することができる。日本でも同様の事件処理システムは導入されているのだが調停に特化したものはない。モンゴルの場合は、2013年ごろから調停事件に特化したシステムの開発が計画されていた。そのころすでに、GTZ（ドイツ開発公社）や世界銀行の支援で、民事事件をはじめとする各種の訴訟事件の事件処理システムは完成していた。しかし、調停についてはドイツも世界銀行も協力してくれない。

調停はＪＩＣＡの領分だと思われているから当然だろう。モンゴル最高裁、裁判所評議会は、ＪＩＣＡ、つまり具体的には僕に、調停事件処理システムを開発する資金援助を依頼してきたのだが、そのようなシステム開発予算はＪＩＣＡでも予定しておらず、資金面での支援をすることはできなかった。僕としては、調停事件処理システムを開発することは事務処理上とても有意義だと思ったので、支援できないかＪＩＣＡ本部などに打診してみたが、やはり返事はＮＯ。僕は、このシステム開発についてはあきらめるしかないかと思っていたのだが、モンゴル側は独自に予算を取ってシステム開発に乗り出した。そして、２０１５年夏にはシステムを開発して、２０１５年10月からは全国でこの調停事件処理システムが稼働している。これまではすべて手計算で事件統計を取っていたのだから、この手間だけでも省けることになったことは大きい。２０１５年には1万５０００件もの調停事件を全国で受理しているのだから、このシステム導入のタイミングは実に適切だったといえるだろう。

調停事件処理システムの開発は、僕が直接関わった仕事ではない。モンゴル側が独自に自主的に自前の予算ではじめた仕事だ。やればできるじゃん。というか、ここまでできるようになったのなら、もう法整備支援はいらない。少なくとも調停の分野では長期専門家が常駐する必要がなくなってきていることが明らかだ。システムが開発され稼働しはじめたことは僕としては純粋にとてもうれしいことだったが、「もう僕はいなくてもいいよね」とも思った出来事だった。

僕は、プロジェクト終了直前の2015年冬に行った、日本側アドバイザーの先生方とのテレビ会議で、プロジェクト終了にあたっての感想を尋ねられて、「このまま続けても、マンネリ、じり貧です。だから今は潮時、やめ時です」と答えた。僕の一見ふざけた回答にも皆さん笑って納得してくれたが、この調停事件処理システムの自主開発の話で伝えたいのは、僕が「マンネリ、じり貧」という言葉でこのとき表現した雰囲気のことだ。マンネリもじり貧も、このときの僕の文脈では悪口でも皮肉でもない。マイナスの意味を装ってはいるが、実のところめちゃくちゃモンゴルを褒め上げている。モンゴル側がやるべき仕事を全部してくれているのでプロジェクトの仕事はなくなってます。こう言っている。僕の物言いはこんなふうにいつもひねくれているのだが、アドバイザーの先生方はそのことも含めてモンゴルの状況を理解して、いつも温かくプロジェクトを見守ってくれていた。

調停が全国で行われて経験が蓄積されていくにつれて、調停人の事件処理の力量も上がっていき、パンフレットやハンドブック、調停人養成研修、事件の統計処理などの周辺環境も整っていった。行政システム上も、調停人委員会、裁判所評議会、最高裁がうまく連携して裁判所調停を運営できるようになっていった。僕の仕事は、2010年にモンゴルに来たころとは変質していき、プロジェクト主導で行うのは、地方出張くらいのものになっていた。これだけは僕がやりたいと思った時期に行きたいところに行くというい加減を最後まで貫いてきたが、モンゴル側は僕のやりたいようにやらせてくれて、出張には裁判官、裁判所評議会職員、弁護士などが必ず同行してくれたし、地方の裁判所も忙しい中で研修や市民セミナーの準備を整えてくれた。

2014年も終わりごろになると、モンゴル側の安定感はもはや揺るぎないように見えてきた。「もう僕はここにはあまり用はない」と思い、僕は、プロジェクト終了までの残り1年の時間をどのように過ごすか、暇つぶしの方法を考えるようになった。

新しい企画としては、大学の調停カリキュラムの作成がある。国立法律研究所内に委員会を設置して、モンゴルの大学法学部のカリキュラムに「調停」という講義を導入することを試みた。大学法学部3年生以上の2単位の選択科目として調停を取り入れるというものので、標準テキストとカリキュラム案を作成した。これまで、モンゴルの大学には仲裁の授業はあったが、ＡＤＲや調停の授業はなかった。標準テキストとカリキュラムを提案することで、各大学が簡単に調停の授業を導入できるようにした。今では複数の大学で調停の授業が行われているが、このカリキュラム作成によるところが大きい。大学で調停を教えることで、調停に関心のある人を継続的に生み出すことができ、調停への関心が高まると学者や実務家のレベルアップも期待できる。

調停法解釈の作成というのも新しい企画の一つだった。これには少し説明が必要かもしれない。「解釈」と呼ぶが、単なるハンドブックやテキストではない。むしろ、日本の判例に近いものだ。最近の司法改革まで、モンゴルでは判例があまり重視されてこなかった。最高裁が示した法解釈の指針に従って各裁判官は法解釈をしていた。この最高裁が示す法解釈の指針は「〇〇法解釈」という形式で文書化されて各裁判官に配布され、一部は書店でも販売される。裁判官は、事実上、この法解釈の指針に従って裁判を行っていた。司法改革後は、最高裁の法解釈権限はなくなり、解釈に代わって判例が法解釈を拘束するような制度に改められたと聞いているが、実際は、いまだに最高裁の解釈は重要な意味を持ち法解釈の指針となっている。調停法の解釈を作成しようという企画がモンゴル側から持ち込まれたとき、僕はなんとしても実現したいと思った。調停人委員会が、調停に詳しい裁判官や弁護士を著者として指名し、会議を何度も開いて原稿を取りまとめ、JICAが費用を支援して出版した。これまで解釈は民法、民事訴訟法、刑法、刑事訴訟法の4つの法律について刊行されていて、調停法は5つめの「解釈」ということになる。

これら以外にも、調停モデルルームの運営、前に述べた税金調停などボツになった企画はいくつもある。しかし、たくさんの当初予定していなかったことを実現することができた。これは、僕にとっては良い暇つぶしになった。しかし、それ以上に重要なことは、これらの企画の大半をモンゴル側が自主的に実現したことだ。大学カリキュラムの作成、解釈の執筆、すべてモンゴル人が行った。僕もカリキュラム委員会のアドバイザーになったり解釈の監修者に名を連ねさせてもらったりしているが、実際はほとんど何もしていない。僕がしたことといえば、モンゴル側の提案に乗っかって企画を実現するための金を準備したことと、さまざまな関係機関や関係者を企画の中に巻き込むように心がけたことぐらいだ。モンゴル側は、僕がいなくても、JICAプロジェクトの力を借りなくても、自分たちの調停を作ることができるようになっていた。気づいたときには、モンゴルの調停は、僕のずいぶん前を走っていたのだ。

「法律の時間」ですよ

僕はモンゴルでレギュラーのテレビ番組を持っていたことがある。モンゴルでなければありえない経験だ。モンゴルではテレビは多分一般の日本人が考える以上に発展している。ウランバートルでは何十ものテレビチャンネルがある。権威のあるテレビ局もそうでないテレビ局もあるのだが、テレビに対する敷居は相当低い。

僕は2010年にモンゴルに来るまで、マスコミの取材を受けたことなどなかった。しかし、専門家として赴任して、テレビの取材などを受ける機会が出てきた。はじめはカメラの前で緊張して途中で言葉が止まったりした。話し方もぎこちなく、言いたいことの半分もしゃべることができなかった。しかし、何度か繰り返しているうちに、「どうでもいいわ」と思いはじめた。「どうでもいいわ」というのは僕なりの言い方で、一般の人にもわかるように言うならば「なるようになる」または「なるときはなる。ならないときはならない」という意味だ。この、運命論、諦めのような考え方は、それが正しいかどうかはともかく、僕にとっては緊張感をなくすための最も手っ取り早い理屈だ。このように考えるようになって以降、緊張することはほとんどなくなった。

そんな中、2014年の終わりに、知り合いの弁護士、アリウナーさん（女性）とボロルマーさん（女性）が興味深い話を持ってきた。テレビのレギュラー番組をしないかという話だった。こういう話は僕の大好物。僕の自尊心を十二分に満足させてくれそうな話であるし調停の宣伝にもなる。オフィスに2人が来て、「テレビ番組をしませんか？」と言われた瞬間、僕は、内容も聞かずに「する！　する！」と即答していた。聞いてみると、番組は、「法律の時間」という番組名で、すでに1年間ほど放送していて、もうすぐ2年目に入るとのこと。番組は簡単にいえば、視聴者から法律相談を募集し、司会者でもある弁護士がスタジオから直接、視聴者からの生電話に答えるというもの。通常日本であれば、こういうのはたいがい仕込みか、あらかじめ仕込まれていなくても、直接スタジオにつなぐ前に裏方につながってフィルタリングされるのだろうが、モンゴルではガチンコ。ズルは一切なしで、本当に視聴者が直接電話してくるとのことで、なかなか面白そうだ。

この「法律の時間」は「マルチンテレビ」という放送局で毎週水曜日の午後7時00分から8時00分まで放送していて、翌日には再放送もしているとのことだ。マルチンとは遊牧民のことであり、マルチンテレビはその名のとおり、遊牧民をターゲットに遊牧民用品（太陽光発電装置、バッテリー、中国製のバイク、その他こまごまとした牧民便利グッズ）を販売している会社の傘下にあるテレビ局だ。親会社で売っているパラボラアンテナを購入すると無料で視聴できるらしい。しかし、首都ウランバートルの中心部では逆になかなか見られないテレビ局で、僕たちの周辺の人には知名度は低かった。ウランバートルでも、ゲル地区（人口が町に集中したことで都市の周辺部に作られた地域）の一部では電波が入るのだが、ほとんどの地域には電波がきておらず見られない。しかし、地方都市に行くと一転、マルチンテレビは、全国津々浦々の地方で見られる全国ネットのテレビ局なのだ。地方出張の際に宿泊したホテルのロビーのテレビがマルチンテレビに合わせられていることは何度もあった。要するに、このテレビ局は、まさに遊牧民に向けた、「地方でしか見られない全国ネット」という特殊な存在なのだ。

マルチンテレビの番組編成というのも興味深い。ここは、基本的には2つのテーマで攻めていく放送局のように思われる。1つめは、その名のとおり、牧民コンテンツだ。日本の演歌のようなイメージのモンゴル歌謡、競馬（調教師含む）関連番組、中国製品を中心とする通販番組などがこれにあたる。この映像イメージを言語化すれば、モンゴルの草原とゲルと馬の群れをバックに、きらびやかな民族衣装（デール）を着て、朗々と演歌を歌い上げるおじさん、おばさん。もちろん、彼らの住むゲルの横には、中国製のバイクとパラボラアンテナが置いてある。こういうイメージ。2つめは、これも弱小放送局だから当然といえば当然だが、無料またはほぼ無料コンテンツの有効利用というものだ。例えば、「法律の時間」の前にやっていた番組は、時期によっていろいろあるけれど、一例をあげると「トムとジェリー」だ。いや、確かに「トムとジェリー」は面白い。今見ても色あせていなくて本当によくできていることは認める。でも、この番組セレクション、午後6時から7時のゴールデンタイムに「トムとジェリー」という感覚は、値段が非常に重要な要素になっているに違いない。「法律の時間」もこの2つめの無料またはほぼ無料というところにぴったりあてはまる。これが2年目に番組が突入する大きな理由なのだろうと思った。まず、アリウナーさんもボロルマーさんもギャラをもらっていない。自分の弁護士業の宣伝になると思って引き受けたらしい。その考えが行き過ぎて、アリウナーさんは自分の携帯電話番号を番組で流したら、じゃんじゃん全国から電話がかかってきてどうしようもなくなってその番号を捨てたと言っていた。また、番組製作にあたっての準備というのも全くない。台本もない。会議もない。要するに、毎週アリウナーさんとボロルマーさんが交代でスタジオに入り、自分で勝手に決めてきた今週のテーマ、トピックスについて20分ほど冒頭に話をしてから、視聴者の電話を待つ。そして、その場で、臨機応変に質問に答えながら残りの40分持たせると、こういう作りになっているので、マルチンテレビとしては、機材の操作の人だけおいておけば勝手に番組ができていくということらしかった。

「法律の時間」についてのある程度の話をした後でアリウナーさんとボロルマーさんが言うには、この1年、1人ずつ交代で司会をしていたらしいが、けっこう大変だったとのこと。視聴者から質問でなくて苦情の電話がかかってきたり、質問に答えられなかったりという番組内容面での苦労もそうだが、一番辛かったのは、休めないことだという。「それは、はじめっからわかってたんじゃない？」と思うのだが、1週おきに出演するので、夏休みなどを十分な期間取れないとのこと。ちなみに彼女たちの「十分」というのは1か月程度という意味だが、要するに、休暇や動かせない仕事や病気のときに困ると、こういうことを言う。それで、これからは、司会者2人体制にしていきたいとのこと。1人でやっているとどうしても言うことがなくなるというか、話題が限定されるらしい。だから、僕は固定で毎週参加し、アリウナーさんとボロルマーさんは以前と同じ隔週交代で参加したいとのこと。目立ちたがりの僕としてはメーン司会で毎週レギュラー出演というのは願ったりなのだが、問題は、番組内容が、ガチの素人モンゴル人からの生電話、しかも法律相談の電話に回答するものであることだ。そもそもモンゴル語がわからない僕がどうやって視聴者とのコミュニケーションを取るのかが問題だ。これは、プロジェクトのスタッフにできるだけ同時通訳的に単語だけでもモンゴル語を順次日本語に訳してもらい、小声で言うその不完全な日本語を聞きながら、僕が、日本語で端的に回答し、それをスタッフがモンゴル語に翻訳して視聴者に伝えるという手順をとることにした。こういう方法をとって、放送に耐えられるのかどうかわからなかったが、まあ、マルチンテレビだし、知り合いは誰も見ていない。あとは、モンゴルの法律相談に僕が回答できるのかという知識面の不安があったが、それはアリウナーさんやボロルマーさんというモンゴル人弁護士がメーンで答えるとのこと。僕は日本との比較や適当な質問を振るなどしてくれたらよいというので、まあ、なんとかなるだろうと思った。

その後、マルチンテレビの契約担当者との間で、52回だったかの出演契約をこれはきちんと契約書の形で結んだ。僕の場合ギャラはもちろん無料。出演義務だけがある。出演料をもらってしまうとJICA専門家の契約に違反してしまうからやむを得ない。

こうして、僕は、2014年12月はじめから番組に出演しはじめた。

僕は、はじめのうちは、テーマについてきちんとモンゴル人弁護士と相談して下調べなどもしたうえで放送に臨んでいた。テーマは「調停」、「解雇」、「離婚」、「金の貸し借り」

といったものを選んでいた。これらは、遊牧民にもなじみの深い内容だ。その週のテーマについて冒頭15分から20分程度話をして、その後、できればテーマに沿った内容での法律相談を受け付ける。僕たちの前にはスピーカー付きの電話機が置いてあって、これは外線と直結していて電話がかかってくる。僕が感心したのは、マルチンテレビといえどもさすがテレビ局だけあって、電話が鳴らなかったことは、後に述べるテーマ選びのミスの回を除いては一度もないことだ。（ウランバートルを除く）全国放送の底力があった。1つの質問に答えて電話を切ってから、僕と相方の弁護士が二言三言しゃべるうちにすぐに次の電話が入るというパターン。2015年に入っても当然番組出演は続き、僕はだいぶ番組に慣れてきた。モンゴル人弁護士との間の取り方、相談者との話し方のコツらしきものもなんとなくわかってきた。テレビ局に入る時間もはじめは余裕を持って30分ほど前に到着するようにしていたのだが、特に控室でやることもないし、5分前や3分前に入るようになっていった。もっとも、この番組に限っていえば、僕以外の2人のモンゴル人弁護士も開始直前に到着するのが常態だった。

この「法律の時間」、結局、僕は翌年2015年の6月で番組を降板することになった。出張などが多くなって毎週出演することが難しくなったというのが表向きの理由だが、正直、僕が番組を干されたというのが真相だ。干された理由についてはここに書けないことも含めて（この本ではぶっちゃけてなんでも書いていそうに見せかけているが、それでもまだまだ僕が書いていないこと、書けないことはたくさんあるのだ）いろいろあるのだけれど、その理由の一つとも思えるのが次のエピソードだ。

2015年4月15日放送の「法律の時間」のテーマは「保険」だった。保険としたのには伏線がある。前回のテーマを「マンション購入のトラブル」としていたのだが、僕とその日の担当弁護士アリウナーさんとが掛け合いをしながら一通りの解説を終えた後、視聴者からの質問コーナーに入ると、いつも次から次に鳴る電話のベルが全く鳴らない。その瞬間、多分僕たちみんなが「テーマ選びを間違った！」と悟った。視聴者層の中心である地方の遊牧民はマンションを買わない。今回のテーマは、視聴者を置いていっていた。僕たち出演者が思考の基準になってしまっていて、番組の基本である視聴者を忘れてしまっていた。マンション購入のトラブルについてはウランバートルではけっこう問題になっていて裁判や調停も増えている。タイムリーな話題であることは違いないのだが、残念ながらウランバートルにマルチンテレビが見られる地域はほとんどない。また、地方の遊牧民にとっては、マンション購入という状況はあまり起きないので、関係ない話だったのだ。

一向に電話はかかってこないので、やむなく日本の調停とか適当な話題をアリウナーさんに振ったり振られたりしながら残り時間を稼いで切り抜けようとした。このとき、アリウナーさんは巧みにCMを挟みながら、最後は強引な力業で「うっかり終了時間を間違った」ことにして終了20分前の7時40分ごろに「今日はこれで終わります」と言ってしまった。僕は「早すぎるやろ！」と思ったが何も言わずに薄笑いして様子を見ていた。マルチンテレビはそのあたり適当というか大変臨機応変なので、そのまま終了の音楽を流してくる。僕らは「さよならー」と手を振って番組終了。余った時間は適当に歌とかCMで埋めたのだろうと思う。アリウナーさんは「あっ、時計が見えなかったから時間間違えちゃった」と言っていたが絶対うそ。でも、この番組終了時間前倒しはマルチンテレビ的には全く問題ないようで、一切おとがめはなかった。ただ、この回に電話が1本もかかってこなかったのは、電話相談をメーンテーマとする「法律の時間」の根幹に関わる問題。今後このようなことが起きないよう、テーマ選択は徹底的に遊牧民に寄り添うことにした。

そこで、次回テーマとして考えたのが「保険」だった。なぜ保険にしたのかというと、このころモンゴルでは遊牧民向けの新しい保険ができていたからだ。この保険は、「家畜保険」という。当時7つの保険会社で販売を開始していたのだが、モンゴルの主要産業である牧畜業向けの損害保険だ。モンゴルでは冬場に寒さが続くとゾドといって羊などが大量に死んでしまうことが起こる。モンゴルは冬季ウランバートルでもマイナス30度、地方ではマイナス50度にもなる。このような寒さも一過性のものであればさほど問題でないが、寒さが断続的に3月ごろまで続くことがあると、寒さで家畜が弱り、牧草もなくなってしまってゾドが起こる。いってみれば、定期的に起こる災害のようなものだ。

家畜保険は、家畜の種類や地域により保険料は異なるが、家畜が失われた場合に保険金が支給されるという仕組みで、郡の5パーセントの家畜が失われれば支払われる仕組みになっている。被害甚大（郡の30パーセント以上喪失）の場合には、保険会社では損失を受けきれないので国から再保険金が支払われる。この保険はまさに番組のターゲット視聴者である遊牧民の生活に密着すると思いテーマに選んだのだ。

今回は電話がじゃんじゃん鳴るだろうと考えて、事前に家畜保険に関する法律も読み込み準備万端で臨んだのだが、結果は散々だった。

その回の担当はボロルマーさんだった。2人で適当に掛け合いをしつつ家畜保険の話を順調に進めていった。でも、そんなに複雑な内容でもなく、僕たちも遊牧民ではないので具体的な話はほとんどできない。適当に茶々を入れていても10分ほどで話すことがなくなってしまった。「保険」つながりということで、僕は「モンゴルではほかにどんな保険が問題になってるんでしょうね？」とその場の思いつきでボロルマーさんに話を振った。ボロルマーさんは困った顔を一瞬したが、「自動車保険が問題になってますね」と話し始める。でも、聞き役になって彼女の話に合わせてみたが、なんとなく言っていることがおかしい。僕の知識と違う。例えば、その前年くらいからモンゴルでは自賠責保険の加入が自動車の所有者に義務づけられた。一般的にはその車を運転する運転者が固定されているのだが、誰が運転していてもいいようなことを言っているし、そもそも加入義務は運転者にあるようなことを言っている。「まあ、でも、いいか」、「誰もわからないだろうし」と思いながら話を合わせていた。そうこうしているうちに、視聴者からの電話が鳴る。

相談内容は自動車保険の話だった。自賠責保険ではなくて、任意保険の質問だった。僕が答える前にボロルマーさんは回答しはじめた。僕は小声で通訳される内容を聞きながら「なんかおかしい」と思っていた。でもテレビである。疑問を口には出さずに適当にうなずいていた。質問内容は詳しく覚えていないが、自動車運転者と自動車所有者の関係に関するもので、手元のメモ用紙に関係図を書きながら聞いていたが、直前に僕が疑問に思っていた内容と重なっていてやっぱり回答がおかしい。でも、一応、視聴者は納得して電話を置いてくれた。するとすぐに次の電話。相手は男性で、「私は保険の営業をしているが、あなた方が今言ったことは全然間違っている」とはじまった。テレビをつけながら電話をしているらしく声が重なっていて聞きづらいのだが、言っていることはわかる。ボロルマーさんが「テレビ消してください」と言ってテレビを消してもらうとよりはっきり僕たちのさっきの話が間違っていることを説明してくれている。ボロルマーさんが口をはさむが、すぐに彼に反論されて黙り込む。「これはまずい」と思ったが、僕としてはどうしようもなく笑顔（薄笑い）で話を聞いている振りをしていたが、内心「ボロルマー、どう処理するねん」と思っていた。ボロルマーさんは、そのとき、僕が思いも寄らなかった対応をした。「私は自分の経験から話をしました。でも、いろいろな意見があるのはわかりました。ありがとう」そう言って、電話をぶち切ったのだ。「…」。僕はどう対応したらよいかわからず、ボロルマーさんを見つめる。ボロルマーさんも何も言わない。「…」。「…」。僕は何か言わないとまずいと焦るのだが、この状況で自動車保険の話を振るのも余計にまずい状況になるかもしれない、墓穴を掘るだけかもしれないと考えてしまって、とっさに言葉が出てこなかった。沈黙は30秒くらい続いたと思う。テレビ的には最悪の放送事故だ。ようやく勇気を奮い起こして「日本でも自動車事故というのは多いですよ。僕も何件も弁護士として事件をやりました」、「えっと、単なる交通事故以外でも、車にいたずらされて塗装に傷が付いたりといったこともあります」とか適当に思いつくままにしゃべり始めた。ボロルマーさんも僕の意図に気づいて適当に相づちを打ってきた。「これで辛うじて軌道修正できたか」と思っていると、ボロルマーさんの話の途中で次の電話。やっぱり男性で「モンゴルの法律について外国人がしゃべっているが、あなた誰なんですか? モンゴルの法律のことを知っているのですか? 中国人がなんでモンゴルのテレビに出ているのですか?」と言っている。「あちゃー」と思ったが、モンゴル語でしゃべっている内容がわからない振りをして笑顔(薄笑い)を通す。すると、ボロルマーさんが、さっきの視聴者からのお説教で内心腹が立っていたのだろう、猛然と視聴者に反論しはじめた。「この人はJICAの専門家で弁護士です。モンゴルの法律家の資格も持っています。中国人なんて失礼な言い方をするな。彼は日本人です!」。「…まずい、まずすぎる」これまでの番組でも、僕は、こういうモンゴル人のプライドの表れのような批判は何度か受けていた。モンゴル人はプライドが高い。自国の法律を外国人によって解釈されることを嫌う人も多い。だから、僕は、モンゴルの法律を知らなかったというのもあるが、テレビでは意識的に日本の話だけするようにして、視聴者への回答については主に相方のモンゴル人に任せてきた。さらに現実を述べれば、歴史的経緯などから中国人に対してネガティブな感情を持つモンゴル人は多い。だから、視聴者からの「中国人がどういう立場で出演しているのか?」という電話はこれまでにも1回か2回あったし、それは視聴者の生電話を受けるという番組の宿命。そういうときは「いや、日本人の弁護士なんですよ」と言って笑って流してきたし、それで視聴者も納得してくれていた。でも、今回はなんか厳しい調子で明らかにけんかになっている。ボロルマーさんは「あほか」といった感じで（さすがに、そうは言っていないと信じているが）電話をぶち切った。なんか最悪の雰囲気になってきた。ここでコマーシャルでも入れたらいいのだが、今回に限って入らない。その後、保険とは関係のない離婚の相談などの電話が入ってきてそれはまあこなしたのだが、嫌な雰囲気のままに番組終了時間になって、エンディングが流れた。

その瞬間、僕ら2人の出演者は顔を見合わせて「今日はしんどかったねー」と照れ隠しもあってほぼ同時に口にしたのだが、悪いことは続くもので、なんとその声はマイクに拾われて放送されてしまっていたのだ。

その日の放送は、おそらく「法律の時間」史上である意味では一番面白い回になったと思う。しかし、マルチンテレビ側はそうは考えなかったようだ。

いつもは、放送終了後にプロデューサーやディレクターが控室に来ることもなく、僕たち出演者は荷物をまとめて一応編成室にあいさつだけをしてさっさと帰る。完全に放置されていたのだが、この日は違った。放送終了後にプロデューサー（女性）が部屋に入ってきた。「今日の放送ねえ…」と話し始める。僕らは「ちょっといろいろあったけど、まあ、いいんじゃない」とあえて軽い感じで話を切り上げようとしたのだが、プロデューサーは切り上げない。「頼むから、来週はちゃんと法律を調べてきてからしゃべって」と至極まっとうなご指摘。「はい」。「あと、頼むから、視聴者とけんかしないで」。「はい」。「おかしなこと言う人が電話に出たら、そのまま電話切ったらいいから」。「はい」。「あと、これ一応テレビやから、スポンサーもついてるんやから、髪の毛とかちゃんとしてきて」。「はい」。そのころ僕はテレビにも慣れきっていて、寝癖のついたまま、後ろ髪をぴょんと立てたままで出演したりしていたが、「まあこんなんでもいっか、マルチンテレビやし」となめきっていた。ここぞとばかり指摘された。「次からちゃんとしてきます」。一応お説教は終わって、その日は番組スタッフ全員がテレビ局の玄関まで送ってくれ、だめ押し気味に別れ際にも「ちゃんとしてね」と言われて、僕らは、少なくとも僕はすごく反省して、これは番組干されるかもと思ったのだ。まあ、日本なら絶対干されるな、というか番組終わるかもしれんと思っていたのだが、案の定、僕の出演はその年の前半2015年6月いっぱいで終了となった。

さて、最後は干されたとはいえ、半年以上にわたってテレビ出演していたのなら、なんらかの反応があるだろうと思うのだが、僕に限っていえば、ほとんどテレビ出演の効果はなかった。ただ、一度だけ、銀行の窓口で「昨日テレビで見たよ」と声をかけられたことがあった。折に触れて調停の話はしていたので、少しずつでも調停の宣伝にはなっていたと思うのだが、ダイレクトな手ごたえを感じたことはほとんどなかった。しかし、僕の成長(?)にはなっていて、この番組出演以降、講演やインタビューで焦ったり緊張したりということはほとんどなくなった。外国で言葉もロクにしゃべることができないのに生放送の法律相談番組に出演する、というのは、世界中でもここモンゴルのマルチンテレビくらいしかあり得ない状況なはずで、奇跡みたいな経験だ。そりゃ、度胸くらいはつくだろうと思う。

成功の理由

このように、2015年になると、僕は本業の調停以外のいろいろなことを見つけて、それなりに楽しんでいた。

調停は僕がいなくても順調に成果を上げていた。繰り返しになるが、2015年の統計をみると、調停事件は約1万5000件も申し立てられており、これは、裁判になった民事事件・家事事件・労働事件の合計約4万5000件の3分の1に達する数だ。さらにいえば、これらの裁判になった事件の中には相手方のいない事件も3分の1程度あるので、争いのある民事・家事・労働事件についての調停対裁判の比率は、1対2程度にまでなっている。順調すぎるくらいなのだが、このころ僕の仕事というのは側面支援になっており、直接テコ入れしているのは、地方出張、心理学などを組み込むといった研修の改善、後は新企画ばかりとなっていた。

調停はこのように順調だったが、2012年の司法改革法のうち、調停以外の法律の施行は全く順調ではなかった。例えば裁判官ステータス法は、その裁判官の評価や任命などで批判は常にあった。裁判所法は、一部の条文について憲法裁判所から違憲判決が出て、憲法に適合するために大幅な組織変更が行われることになった。具体的には、裁判所の構成を何度も変更することになって裁判所評議会は多大な労力を要したし、人事や組織に混乱も生じた。裁判員法は、日本の裁判員制度の情報なども提供してできた法律だが、モンゴルの場合は日本のように刑事裁判だけでなく民事裁判にも裁判員が参加する点に大きな特徴があった。そもそも、民事事件に裁判員を入れることが可能かどうか、当初から関係者の間でも危ぶまれていたのだが、結果としては裁判員法全体が憲法違反とされてしまい、裁判員法は停止されてしまった。

結局、司法改革法のうちで調停法だけが無傷で、順調に発展できたといってもよい。調停法も、自分が起草に関わっていていうのもなんだが、実は、完璧な法律だとはいえない。例えば、大きな話でいえば、離婚事件を調停前置主義にした点などはかなり運用上も批判が大きく、無理がある。状況によっては、裁判を受ける権利の侵害だといえなくもないと思っている。法律の細かいところを見ても、法律では「調停中に表明した情報を当事者の許可なしで他人に漏らした者には罰則が科される」とあるのだが、罰則が規定されていなかったりする。これは国会審議中に罰則が削除されたにもかかわらず、条文について修正されなかったので文言がそのまま残ったものだ。誰もこのことに気づかなかったのだが、施行後半年くらいして研修中にある調停人から質問が出てみんなが認識することになった。このように、いろいろと問題もある調停法がなぜ問題となることなく、順調に運用されているのだろうか。その答えは、恐らく、調停法は誰の利益も損なわない法律だったからだと思う。

当事者にとっては、それまで裁判しか選択肢がなかったのが、費用も時間も格段に節約できる調停を選択できるようになった。離婚については前置主義という面倒はあるものの、調停で話し合いができなくても、結局、最終的には裁判をして離婚できる。離婚できたら、たいていの人はもうこのことについて憲法裁判所に訴えるまでの気力はなくなるだろう。

裁判所にとっても、調停は、大幅に増加していっている訴訟事件の負担を減らせるというメリットがあった。裁判官の手持ち事件数は、ウランバートルの裁判所では常時３００件といった数だ。これが少しでも調停で処理できるというのは大きいし、訴訟事件で手詰まりになったら、一時的に調停に回して様子を見るといった時間稼ぎもできる。裁判所評議会としても、調停制度の運営は事実上自分たちの権限になっており、訴訟事件には手を出せない中、ある程度実質的な紛争解決をコントロールできるというのは大きな魅力だと思われるし、裁判所全体の運営からみても、裁判官の8分の1程度の数の調停人で大量の事件を処理することができるシステムであり費用対効果がとても大きい。

一般国民からしても、話し合いで紛争解決するというシステムには文句は言いにくい。さらにいえば、調停は裁判と違って話し合いができなければ紛争解決できないので、賄賂や有力者による影響が紛争解決に入り込む余地がほとんどない。しかも、裁判所での調停が成立すれば、その結論には判決と同じ効力が与えられている。つまり、市民が、自分たちで完全に紛争をコントロールできる。

もっと細かいことをいえば、調停人になって定年後の職の安定を得た元裁判官をはじめとして、調停制度によって利益を得ている人や関係機関も多い。このように、調停というのは、誰にとっても利益だけで損はない制度なのだ。

調停はWIN/WINを目指す制度だといわれる。オレンジを分ける話というのが有名だが、2人の姉妹が1つのオレンジを前にして「自分が欲しい」とけんかしていた。やがて2人は話し合いをしてお互いに満足する分け方を思いついたのだが、オレンジをどのように分けて姉妹は納得したのかという問題だ。2つに分けて半分ずつにする、さらに工夫して姉がオレンジを切って妹が選ぶ、今回は姉が全部もらって次回は妹が全部もらう、といった解決が思い浮かぶが、ここで模範解答とされているのは、姉がオレンジの皮をもらい、妹がオレンジの中身をもらうというものである。2人が話し合いをするうちに、姉はオレンジの皮でマーマレードを作りたい、妹はオレンジを食べたいということがお互いにわかり、このように分配できたという話だ。話し合いの中で当事者同士のニーズを把握することの重要性をいっているのだが、うまくニーズを分析してそれを組み合わせることができれば、それぞれが納得できる解決方法を発見することが可能となる。まさに、調停制度自体がこのオレンジの話のようなもので、モンゴルの司法システムの中に、「調停」という新しい要素を導入することで、司法に関わる人みんながＷＩＮ／ＷＩＮになる解決方法を発見できたともいえる。

偶然の要素も多かったと思うが、直感的にかもしれないが、はじめにモンゴルで調停をやろうと考えた人は本当に賢いと思うし、調停を司法改革の中に組み入れようと思いついたのもすばらしい。その点、僕は、調停がそこまで「使える」制度だとは思ってもいなかった。大きな視点で見れば、僕には全体的なプランなどは何もなくて、ただ目の前の状況に合わせて、あらかじめ与えられていた設計図に従って、やるべき作業を塗りつぶしていっただけだ。これが僕の２０４５日だった。

このような観点からすれば、僕は本当にモンゴルで何もしていない。モンゴルで調停がうまくいった理由は、モンゴルの調停を作ったのが、僕でもJICAでも日本でもなくて、モンゴル人だったということに尽きる。

あとがき

実は、当初の企画では、この本には「モンゴルＪＩＣＡ専門家奮闘記」という題名がつけられていた。しかし、僕には、その題名から期待されるような話にならないことが書く前からわかっていた。僕は、むしろ「がんばっていない」ことを主張したかったし、読者の中にもしも法整備支援を志す人がいたら「がんばるな」とすらアドバイスしたかったからだ。

僕は、流れに乗ってチャンスをつかみ、その後は自分が楽になる、自分が面白く仕事ができるようなシステムを作ることを心がけていただけであり、それは「奮闘」ではありえない。むしろ、心ある人から見れば「もっとがんばれよ」と怒られるはずのことばかりをしてきた。題名を「おまえがガンバれよ」としたのにはこういう理由もある。

モンゴルに行くことになったのは本当に偶然であったが、これは今振り返ると僕にとって大きなチャンスでもあった。２０４５日後に日本に戻ると、弁護士というのは、以前に増して危機感を持たずしては生き残れない業界に変貌しているように思える。幸い、僕は、モンゴルで過ごしたことで、モンゴルという面積は広いが人口や経済の面からみればニッチな世界でかろうじて専門家・エキスパートと「見られる」までになることができた。だからというわけでもないだろうが、例えば、2015年の日経新聞では、日本企業支援のため各国の在外公館に弁護士を派遣する制度ができたという記事の中で、ほかの請負業者名が4大法律事務所といわれる大手事務所で占められている中、モンゴルだけは僕の個人名が載ることにもなった。モンゴルはニッチすぎて日本の大手の弁護士事務所が進出するには経営面で躊躇する。中国が飽和状態なのは周知だが、これが、ベトナム、カンボジア、ミャンマーといった国であっても、日本の弁護士業界からすればニッチとはいえない一大市場である。僕のようなバックに資本もコネクションもなく、大手事務所の優秀な弁護士たちに能力も若さも劣る弁護士などは、あっという間に埋没してしまうに違いない。僕が行ったのがモンゴルでよかった。

仕事だけでなくて、今の僕を作ってくれ、大きく成長させてくれたのもモンゴルであることは間違いない。モンゴルでの経験は、それまで日本でしか生活してきたことのなかった僕の発想、思考を一から組み直すほどのインパクトがあった。そして、モンゴルで出会った人たち、本文で取り上げた人も取り上げなかった人も含めて多くの人たちは、僕がモンゴルでのプロジェクトに関わらなければ一生出会えなかった人たちであり、彼らとの関わりそのものがいちいち新鮮な経験だった。僕はモンゴルという国に対して不満を持ったことはただの一度もない。どんな経験も、例えば、家族と団らん中にしばしば起きていた停電も、ホテルでドアの鍵がかからないことも、危なげな地方の道路で車がパンクしたことも、モンゴル人が約束の期限を守らないことも、ある地方の県で不審者として拘束されそうになったことも、深夜酔っ払いの集団に追いかけ回されたことも、日本から持ってきた自動車が山道で横転して大破したという知らせを受けたことも、チンギスハーン広場でiPadをすられたことも、それぞれその瞬間は不快になったりいらついたりするし、いろいろな人に事後処理で迷惑をかけたということもわかってはいるのだが、なぜか時間がたつとむしろいいネタができたと喜ばしかったし、モンゴルにいなければできない経験ができたと面白さが先に立ってくる。ほら、こう考えると、やっぱり僕はがんばっていなかったようだ。

調停の専門家でもなんでもなく弁護士としての経験も2年半しかなかった、さらには性格が歪んでいて共感力も協調性もない人間力に欠ける面倒くさい僕のモンゴル行きを推薦してくださった日本弁護士連合会、２０４５日もの長期間こんな僕に辛抱強く付き合ってくださったＪＩＣＡ、今でも付き合ってくださっている在モンゴル日本国大使館、モンゴルまで付いてきてくれ日々的確な指導をいただいている妻、そして、本文では述べなかったが、このモンゴル赴任中に生まれてくれた長男の慧と、慧に思い切りどこまでも走り回れる美しい草原を提供してくれ、さらには僕に新しい仕事、いや、仕事にとどまらず希望、目標、楽しみまでを与えてくれたモンゴルに感謝したい。

最後に、締め切りに遅れてばかりの僕を見捨てることなくやさしく誘導してこの企画を実現させてくださった司法協会と、星野雅紀元千葉家庭裁判所長に心から御礼を申し上げます。

＜著者プロフィール＞
岡　　　英　男
弁護士（大阪弁護士会）・外国弁護士（モンゴル）

1972年　神戸市生まれ
1995年　関西学院大学法学部卒
1999年　裁判所に入所し高松・東京・徳島で勤務
2004年　裁判所を退職
2006年　京都大学大学院法学研究科修了
2007年　弁護士登録
2010年～2015年　モンゴル国最高裁判所で勤務（JICA専門家）
2015年　在モンゴル日本国大使館・日本企業支援業務委託弁護士就任
2016年　大阪市大正区に大正法律事務所開設

おまえがガンバれよ
―モンゴル最高裁での法整備支援2045日―

平成28年９月　第１刷発行

著　者　岡　　英　男
発行人　三　角　正　和
発行所　一般財団法人　司法協会
〒104-0045　東京都中央区築地1-4-5
第37興和ビル7階
出版事業部
電 話(03)5148-6529
FAX(03)5148-6531
http://www.jaj.or.jp

落丁・乱丁はお取り替えいたします。　印刷製本／加藤文明社
ISBN978-4-906929-57-3　C0232　￥900E